O jornal e o livro

MACHADO DE ASSIS nasceu em 21 de junho de 1839, no Morro do Livramento, nos arredores do centro do Rio de Janeiro. Seu pai, Francisco José de Assis, era "pardo" e neto de escravos; sua mãe, Maria Leopoldina Machado, era açoriana. Ainda criança, perdeu a mãe e uma irmã, e, em 1851, o pai. Foi criado pela madrasta e cedo mostrou inclinação para as letras. Começou a publicar poesia aos quinze anos, na *Marmota Fluminense*, e no ano seguinte entrou para a Imprensa Nacional, como aprendiz de tipógrafo. Aí conheceu Manuel Antônio de Almeida e mais tarde Francisco de Paula Brito, liberal e livreiro, para quem trabalhou como revisor e caixeiro. Passou então a colaborar em diversos jornais e revistas. Publicou seu primeiro livro de poesias, *Crisálidas*, em 1864. *Contos fluminenses*, sua primeira coletânea de histórias curtas, saiu em 1870. Dois anos depois, veio a lume o primeiro romance, *Ressurreição*. Ao longo da década de 1870, publicaria mais três: *A mão e a luva*, *Helena* e *Iaiá Garcia*. Seu primeiro grande romance, no entanto, foi *Memórias póstumas de Brás Cubas*, publicado em 1881. *Papéis avulsos*, de 1882, foi sua primeira coletânea de contos dessa fase. Em dezembro de 1881, com "Teoria do medalhão", começou a colaboração na *Gazeta de Notícias*. Ao longo de dezesseis anos, até 1897, escreveria mais de quatrocentas crônicas para a *Gazeta*. Em 1889, publicou *Dom Casmurro*, em 1897, foi eleito presidente da Academia Brasileira de Letras, instituição que ajudara a fundar no ano anterior. Morreu em 29 de setembro de 1908, aos 69 anos de idade.

O jornal e o livro

Machado de Assis
O jornal e o livro

Penguin and the associated logo and trade dress are registered
and/or unregistered trademarks of Penguin Books Limited and/or
Penguin Group (USA) Inc. Used with permission.

Published by Companhia das Letras in association
with Penguin Group (USA) Inc.

*Grafia atualizada segundo o Acordo Ortográfico da Língua
Portuguesa de 1990, que entrou em vigor no Brasil em 2009.*

CAPA E PROJETO GRÁFICO PENGUIN-COMPANHIA
Raul Loureiro, Claudia Warrak

PREPARAÇÃO
Alexandre Boide

REVISÃO
Marina Nogueira
Camila Saraiva

Dados Internacionais de Catalogação na Publicação (CIP)
(Câmara Brasileira do Livro, SP, Brasil)

Assis, Machado de, 1839-1908.
O jornal e o livro / Machado de Assis. — São Paulo: Companhia das Letras, 2011.

ISBN 978-85-63560-35-3

1. Assis, Machado de, 1839-1908 — Crítica e interpre-
tação 2. Contos brasileiros — História e crítica. 3. Crônicas
brasileiras — História e crítica 4. Ensaios I. Título.

11-12718   CDD-869.93

Índices para catálogo sistemático:
1. Contos: Literatura brasileira 869.93
2. Crônicas: Literatura brasileira 869.93

[2011]
Todos os direitos desta edição reservados à
EDITORA SCHWARCZ LTDA.
Rua Bandeira Paulista, 702, cj. 32
04532-002 — São Paulo — SP
Telefone: (11) 3707-3500 Fax: (11) 3707-3501
www.penguincompanhia.com.br
www.blogdacompanhia.com.br

Sumário

O ideal do crítico	7
Notícia da atual literatura brasileira — Instinto de nacionalidade	13
Eça de Queirós: *O primo Basílio*	27
O jornal e o livro	44
Aquarelas	54

O ideal do crítico*

Exercer a crítica afigura-se a alguns que é uma fácil tarefa, como a outros parece igualmente fácil a tarefa do legislador; mas, para a representação literária, como para a representação política, é preciso ter alguma coisa mais que um simples desejo de falar à multidão. Infelizmente é a opinião contrária que domina, e a crítica, desamparada pelos esclarecidos, é exercida pelos incompetentes.

São óbvias as consequências de uma tal situação. As musas, privadas de um farol seguro, correm o risco de naufragar nos mares sempre desconhecidos da publicidade. O erro produzirá o erro; amortecidos os nobres estímulos, abatidas as legítimas ambições, só um tribunal será acatado, e esse, se é o mais numeroso, é também o menos decisivo. O poeta oscilará entre as sentenças mal concebidas do crítico, e os arestos caprichosos da opinião; nenhuma luz, nenhum conselho, nada lhe mostrará o caminho que deve seguir — e a morte próxima será o prêmio definitivo das suas fadigas e das suas lutas.

Chegamos já a estas tristes consequências? Não quero proferir um juízo, que seria temerário, mas qualquer pode notar com que largos intervalos aparecem as boas obras, e como são raras as publicações seladas por um talento ver-

---

* Publicado originalmente em *Diário do Rio de Janeiro*, em 8 de outubro de 1865. (N.E.)

dadeiro. Quereis mudar esta situação aflitiva? Estabelecei a crítica, mas a crítica fecunda, e não a estéril, que nos aborrece e nos mata, que não reflete nem discute, que abate por capricho ou levanta por vaidade; estabelecei a crítica pensadora, sincera, perseverante, elevada — será esse o meio de reerguer os ânimos, promover os estímulos, guiar os estreantes, corrigir os talentos feitos; condenai o ódio, a camaradagem e a indiferença — essas três chagas da crítica de hoje — ponde em lugar deles a sinceridade, a solicitude e a justiça — é só assim que teremos uma grande literatura.

É claro que a essa crítica, destinada a produzir tamanha reforma, deve-se exigir as condições e as virtudes que faltam à crítica dominante; — e para melhor definir o meu pensamento, eis o que eu exigiria no crítico do futuro.

O crítico atualmente aceito não prima pela ciência literária; creio até que uma das condições para desempenhar tão curioso papel é despreocupar-se de todas as questões que entendem com o domínio da imaginação. Outra, entretanto, deve ser a marcha do crítico; longe de resumir em duas linhas — cujas frases já o tipógrafo as tem feitas — o julgamento de uma obra, cumpre-lhe meditar profundamente sobre ela, procurar-lhe o sentido íntimo, aplicar-lhe as leis poéticas, ver enfim até que ponto a imaginação e a verdade conferenciaram para aquela produção. Deste modo as conclusões do crítico servem tanto à obra concluída, como à obra em embrião. Crítica é análise — a crítica que não analisa é a mais cômoda, mas não pode pretender a ser fecunda.

Para realizar tão multiplicadas obrigações, compreendo eu que não basta uma leitura superficial dos autores, nem a simples reprodução das impressões de um momento; pode-se, é verdade, fascinar o público, mediante uma fraseologia que se emprega sempre para louvar ou deprimir; mas no ânimo daqueles para quem uma frase nada vale desde que não traga uma ideia — esse meio é impotente, e essa crítica negativa.

Não compreendo o crítico sem consciência. A ciência e a consciência, eis as duas condições principais para exercer a crítica. A crítica útil e verdadeira será aquela que, em vez de modelar as suas sentenças por um interesse, quer seja o interesse do ódio, quer o da adulação ou da simpatia, procure reproduzir unicamente os juízos da sua consciência. Ela deve ser sincera, sob pena de ser nula. Não lhe é dado defender nem os seus interesses pessoais, nem os alheios, mas somente a sua convicção, e a sua convicção deve formar-se tão pura e tão alta, que não sofra a ação das circunstâncias externas. Pouco lhe deve importar as simpatias ou antipatias dos outros; um sorriso complacente, se pode ser recebido e retribuído com outro, não deve determinar, como a espada de Breno, o peso da balança; acima de tudo, dos sorrisos e das desatenções, está o dever de dizer a verdade, e em caso de dúvida, antes calá-la, que negá-la.

Com tais princípios, eu compreendo que é difícil viver; mas a crítica não é uma profissão de rosas, e se o é, é-o somente no que respeita à satisfação íntima de dizer a verdade.

Das duas condições indicadas acima decorrem naturalmente outras, tão necessárias como elas, ao exercício da crítica. A coerência é uma dessas condições, e só pode praticá-la o crítico verdadeiramente consciencioso. Com efeito, se o crítico, na manifestação dos seus juízos, deixa-se impressionar por circunstâncias estranhas às questões literárias, há de cair frequentemente na contradição, e os seus juízos de hoje serão a condenação das suas apreciações de ontem. Sem uma coerência perfeita, as suas sentenças perdem todo o vislumbre de autoridade, e abatendo-se à condição de ventoinha, movida ao sopro de todos os interesses e de todos os caprichos, o crítico fica sendo unicamente o oráculo dos seus aduladores.

O crítico deve ser independente — independente em tudo e de tudo —, independente da vaidade dos autores e da vaidade própria. Não deve curar de inviolabilidades literárias, nem de cegas adorações; mas também deve ser independente das sugestões do orgulho, e das imposições do amor-próprio. A profissão do crítico deve ser uma luta constante contra todas essas dependências pessoais, que desautoram os seus juízos, sem deixar de perverter a opinião. Para que a crítica seja mestra, é preciso que seja imparcial — armada contra a insuficiência dos seus amigos, solícita pelo mérito dos seus adversários — e neste ponto, a melhor lição que eu poderia apresentar aos olhos do crítico seria aquela expressão de Cícero, quando César mandava levantar as estátuas de Pompeu: "É levantando as estátuas do teu inimigo que tu consolidas as tuas próprias estátuas".

A tolerância é ainda uma virtude do crítico. A intolerância é cega, e a cegueira é um elemento do erro; o conselho e a moderação podem corrigir e encaminhar as inteligências; mas a intolerância nada produz que tenha as condições de fecundo e duradouro.

É preciso que o crítico seja tolerante, mesmo no terreno das diferenças de escola: se as preferências do crítico são pela escola romântica, cumpre não condenar, só por isso, as obras-primas que a tradição clássica nos legou, nem as obras meditadas que a musa moderna inspira; do mesmo modo devem os clássicos fazer justiça às boas obras dos românticos e dos realistas, tão inteira justiça, como estes devem fazer às boas obras daqueles. Pode haver um homem de bem no corpo de um maometano, pode haver uma verdade na obra de um realista. A minha admiração pelo *Cid* não me fez obscurecer as belezas de *Ruy Blas*. A crítica, que, para não ter o trabalho de meditar e aprofundar, se limitasse a uma proscrição em massa, seria a crítica da destruição e do aniquilamento.

Será necessário dizer que uma das condições da crítica deve ser a urbanidade? Uma crítica que, para a expressão das suas ideias, só encontra fórmulas ásperas, pode perder as esperanças de influir e dirigir. Para muita gente será esse o meio de provar independência; mas os olhos experimentados farão muito pouco caso de uma independência que precisa sair da sala para mostrar que existe.

Moderação e urbanidade na expressão, eis o melhor meio de convencer; não há outro que seja tão eficaz. Se a delicadeza das maneiras é um dever de todo homem que vive entre homens, com mais razão é um dever do crítico, e o crítico deve ser delicado por excelência. Como a sua obrigação é dizer a verdade, e dizê-la ao que há de mais suscetível neste mundo, que é a vaidade dos poetas, cumpre-lhe, a ele sobretudo, não esquecer nunca esse dever. De outro modo, o crítico passará o limite da discussão literária, para cair no terreno das questões pessoais; mudará o campo das ideias, em campo de palavras, de doestos, de recriminações — se acaso uma boa dose de sangue frio, da parte do adversário, não tornar impossível esse espetáculo indecente.

Tais são as condições, as virtudes e os deveres dos que se destinam à análise literária; se a tudo isto juntarmos uma última virtude, a virtude da perseverança, teremos completado o ideal do crítico.

Saber a matéria em que fala, procurar o espírito de um livro, escarná-lo, aprofundá-lo, até encontrar-lhe a alma, indagar constantemente as leis do belo, tudo isso com a mão na consciência e a convicção nos lábios, adotar uma regra definida, a fim de não cair na contradição, ser franco sem aspereza, independente sem injustiça, tarefa nobre é essa que mais de um talento podia desempenhar, se se quisesse aplicar exclusivamente a ela. No meu entender é mesmo uma obrigação de todo aquele que se sentir com força de tentar a grande obra da análise consciensiosa, solícita e verdadeira.

Os resultados seriam imediatos e fecundos. As obras que passassem do cérebro do poeta para a consciência do crítico, em vez de serem tratadas conforme o seu bom ou mau humor, seriam sujeitas a uma análise severa, mas útil; o conselho substituiria a intolerância, a fórmula urbana entraria no lugar da expressão rústica — a imparcialidade daria leis, no lugar do capricho, da indiferença e da superficialidade.

Isto pelo que respeita aos poetas. Quanto à crítica dominante, como não se poderia sustentar por si — ou procuraria entrar na estrada dos deveres difíceis, mas nobres — ou ficaria reduzida a conquistar, de si própria, os aplausos que lhe negassem as inteligências esclarecidas.

Se esta reforma, que eu sonho, sem esperanças de uma realização próxima, viesse mudar a situação atual das coisas, que talentos novos! que novos escritos! que estímulos! que ambições! A arte tomaria novos aspectos aos olhos dos estreantes; as leis poéticas — tão confundidas hoje, e tão caprichosas — seriam as únicas pelas quais se aferiria o merecimento das produções — e a literatura alimentada ainda hoje por algum talento corajoso e bem encaminhado veria nascer para ela um dia de florescimento e prosperidade. Tudo isso depende da crítica. Que ela apareça, convencida e resoluta — e a sua obra será a melhor obra dos nossos dias.

Notícia da atual literatura brasileira
— Instinto de nacionalidade*

Quem examina a atual literatura brasileira reconhece-lhe logo, como primeiro traço, certo instinto de nacionalidade. Poesia, romance, todas as formas literárias do pensamento buscam vestir-se com as cores do país, e não há como negar que semelhante preocupação é sintoma de vitalidade e abono de futuro. As tradições de Gonçalves Dias, Porto Alegre e Magalhães são assim continuadas pela geração já feita e pela que ainda agora madruga, como aqueles continuaram as de José Basílio da Gama e Santa Rita Durão. Escusado é dizer a vantagem deste universal acordo. Interrogando a vida brasileira e a natureza americana, prosadores e poetas acharão ali farto manancial de inspiração e irão dando fisionomia própria ao pensamento nacional. Esta outra independência não tem Sete de Setembro nem campo de Ipiranga; não se fará num dia, mas pausadamente, para sair mais duradoura; não será obra de uma geração nem duas; muitas trabalharão para ela até perfazê-la de todo.

Sente-se aquele instinto até nas manifestações da opinião, aliás mal formada ainda, restrita em extremo, pouco solícita, e ainda menos apaixonada nestas questões de poesia e literatura. Há nela um instinto que leva

---

* Publicado originalmente em *Novo Mundo*, em 24 de março de 1873. (N.E.)

a aplaudir principalmente as obras que trazem os toques nacionais. A juventude literária, sobretudo, faz deste ponto uma questão de legítimo amor-próprio. Nem toda ela terá meditado os poemas de *Uraguai* e *Caramuru* com aquela atenção que tais obras estão pedindo; mas os nomes de Basílio da Gama e Durão são citados e amados, como precursores da poesia brasileira. A razão é que eles buscaram em roda de si os elementos de uma poesia nova, e deram os primeiros traços de nossa fisionomia literária, enquanto que outros, Gonzaga por exemplo, respirando aliás os ares da pátria, não souberam desligar-se das faixas da Arcádia nem dos preceitos do tempo. Admira-se-lhes o talento, mas não se lhes perdoa o cajado e a pastora, e nisto há mais erro que acerto.

Dado que as condições deste escrito o permitissem, não tomaria eu sobre mim a defesa do mau gosto dos poetas arcádicos nem o fatal estrago que essa escola produziu nas literaturas portuguesa e brasileira. Não me parece, todavia, justa a censura aos nossos poetas coloniais, iscados daquele mal; nem igualmente justa a de não haverem trabalhado para a independência literária, quando a independência política jazia ainda no ventre do futuro, e mais que tudo, quando entre a metrópole e a colônia criara a história a homogeneidade das tradições, dos costumes e da educação. As mesmas obras de Basílio da Gama e Durão quiseram antes ostentar certa cor local do que tornar independente a literatura brasileira, literatura que não existe ainda, que mal poderá ir alvorecendo agora.

Reconhecido o instinto de nacionalidade que se manifesta nas obras destes últimos tempos, conviria examinar se possuímos todas as condições e motivos históricos de uma nacionalidade literária; esta investigação (ponto de divergência entre literatos), além de superior às minhas forças, daria em resultado levar-me longe dos limites deste escrito. Meu principal objeto é atestar o fato atual; ora, o fato é o instinto de que falei, o geral desejo de criar uma literatura mais independente.

A aparição de Gonçalves Dias chamou a atenção das musas brasileiras para a história e os costumes indígenas. *Os Timbiras*, *I-Juca-Pirama*, *Tabira* e outros poemas do egrégio poeta acenderam as imaginações; a vida das tribos, vencidas há muito pela civilização, foi estudada nas memórias que nos deixaram os cronistas, e interrogadas dos poetas, tirando-lhes todos alguma coisa, qual um idílio, qual um canto épico.

Houve depois uma espécie de reação. Entrou a prevalecer a opinião de que não estava toda a poesia nos costumes semibárbaros anteriores à nossa civilização, o que era verdade — e não tardou o conceito de que nada tinha a poesia com a existência da raça extinta, tão diferente da raça triunfante —, o que parece um erro.

É certo que a civilização brasileira não está ligada ao elemento indígena, nem dele recebeu influxo algum; e isto basta para não ir buscar entre as tribos vencidas os títulos da nossa personalidade literária. Mas se isto é verdade, não é menos certo que tudo é matéria de poesia, uma vez que traga as condições do belo ou os elementos de que ele se compõe. Os que, como o sr. Varnhagen, negam tudo aos primeiros povos deste país, esses podem logicamente excluí-los da poesia contemporânea. Parece-me, entretanto, que, depois das memórias que a este respeito escreveram os srs. Magalhães e Gonçalves Dias, não é lícito arredar o elemento indígena da nossa aplicação intelectual. Erro seria constituí-lo um exclusivo patrimônio da literatura brasileira; erro igual fora certamente a sua absoluta exclusão. As tribos indígenas, cujos usos e costumes João Francisco Lisboa cotejava com o livro de Tácito e os achava tão semelhantes aos dos antigos germanos, desapareceram, é certo, da região que por tanto tempo fora sua; mas a raça dominadora que as frequentou colheu informações preciosas e no-las transmitiu como verdadeiros elementos poéticos. A piedade, a minguarem outros argumentos de maior valia, devera ao menos inclinar a imaginação dos poetas para os povos que primeiro beberam os ares destas regiões, consorciando na literatura os que a fatalidade da história divorciou.

Esta é hoje a opinião triunfante. Ou já nos costumes puramente indígenas, tais quais os vemos n'*Os Timbiras*, de Gonçalves Dias, ou já na luta do elemento bárbaro com o civilizado, tem a imaginação literária do nosso tempo ido buscar alguns quadros de singular efeito, dos quais citarei, por exemplo, a *Iracema*, do sr. J. de Alencar, uma das primeiras obras desse fecundo e brilhante escritor.

Compreendendo que não está na vida indígena todo o patrimônio da literatura brasileira, mas apenas um legado, tão brasileiro como universal, não se limitam os nossos escritores a essa só fonte de inspiração. Os costumes civilizados, ou já do tempo colonial, ou já do tempo de hoje, igualmente oferecem à imaginação boa e larga matéria de estudo. Não menos que eles, os convida a natureza americana, cuja magnificência e esplendor naturalmente desafiam a poetas e prosadores. O romance, sobretudo, apoderou-se de todos esses elementos de invenção, a que devemos, entre outros, os livros dos srs. Bernardo Guimarães, que brilhante e ingenuamente nos pinta os costumes da região em que nasceu, J. de Alencar, Macedo, Sílvio Dinarte (Escragnolle Taunay), Franklin Távora, e alguns mais.

Devo acrescentar que neste ponto manifesta-se às vezes uma opinião, que tenho por errônea: é a que só reconhece espírito nacional nas obras que tratam de assunto local, doutrina que, a ser exata, limitaria muito os cabedais da nossa literatura. Gonçalves Dias, por exemplo, com poesias próprias seria admitido no panteão nacional; se exceutuarmos *Os Timbiras*, os outros poemas americanos, e certo número de composições, pertencem os seus versos pelo assunto a toda a mais humanidade, cujas aspirações, entusiasmo, fraquezas e dores geralmente cantam; e excluo daí as belas *Sextilhas de Frei Antão*, que essas pertencem unicamente à literatura portuguesa, não só pelo assunto que o poeta extraiu dos historiadores lusitanos, mas até pelo estilo que ele habilmente fez antiquado. O mesmo acontece com os seus dramas, nenhum dos quais tem por teatro o Brasil. Iria longe se tivesse de citar outros exemplos de casa, e não acabaria se fosse necessário recorrer aos estranhos. Mas, pois que isto vai ser impresso em terra americana e inglesa, perguntarei simplesmente se o autor do *Song of Hiawatha* não é o mesmo autor da *Golden Legend*, que nada tem com a terra que o viu nascer, e cujo cantor admirável é; e perguntarei mais se o *Hamlet*, o *Otelo*, o *Júlio César*, a *Julieta e Romeu* têm alguma coisa com a história inglesa ou com o território britânico, e se, entretanto, Shakespeare não é, além de um gênio universal, um poeta essencialmente inglês.

Não há dúvida que uma literatura, sobretudo uma literatura nascente, deve principalmente alimentar-se dos assuntos que lhe oferece a sua região; mas não estabeleçamos doutrinas tão absolutas que a empobreçam. O que se deve exigir do escritor, antes de tudo, é certo sentimento íntimo, que o torne homem do seu tempo e do seu país, ainda quando trate de assuntos remotos no tempo e no espaço. Um notável crítico da França, analisando há tempos um escritor escocês, Masson, com muito acerto dizia que do mesmo modo que se podia ser bretão sem falar sempre de tojo, assim Masson era bem escocês, sem dizer palavra do cardo, e explicava o dito acrescentando que havia nele um *scotticismo* interior, diverso e melhor do que se fora apenas superficial.

Estes e outros pontos cumpria à crítica estabelecê--los, se tivéssemos uma crítica doutrinária, ampla, elevada, correspondente ao que ela é em outros países. Não a temos. Há e tem havido escritos que tal nome merecem, mas raros, a espaços, sem a influência quotidiana e profunda que deveriam exercer. A falta de uma crítica assim é um dos maiores males de que padece a nossa literatura; é mister que a análise corrija ou anime a invenção, que os pontos de doutrina e de história se investiguem, que as belezas se estudem, que os senões se apontem, que o gosto se apure e eduque, e se desenvolva e caminhe aos altos destinos que a esperam.

O romance

De todas as formas várias as mais cultivadas atualmente no Brasil são o romance e a poesia lírica; a mais apreciada é o romance, como aliás acontece em toda a parte, creio eu. São fáceis de perceber as causas desta preferência da opinião, e por isso não me demoro em apontá-las. Não se fazem aqui (falo sempre genericamente) livros de filosofia, de linguística, de crítica histórica, de alta política, e outros assim, que em alheios países acham fácil acolhimento e boa extração; raras são aqui essas obras e escasso o mercado delas. O romance pode-se dizer que domina quase exclusivamente. Não há nisto motivo de admiração nem de censura, tratando-se de um país que apenas entra na primeira mocidade, e esta ainda não nutrida de sólidos estudos. Isto não é desmerecer o romance, obra d'arte como qualquer outra, e que exige da parte do escritor qualidades de boa nota.

Aqui o romance, como tive ocasião de dizer, busca sempre a cor local. A substância, não menos que os acessórios, reproduzem geralmente a vida brasileira em seus diferentes aspectos e situações. Naturalmente os costumes do interior são os que conservam melhor a tradição nacional; os da capital do país e, em parte, os de algumas cidades, muito mais chegados à influência europeia, trazem já uma feição mista e ademanes diferentes. Por outro lado, penetrando no tempo colonial, vamos achar uma sociedade diferente, e dos livros em que ela é tratada, alguns há de mérito real.

Não faltam a alguns de nossos romancistas qualidades de observação e de análise, e um estrangeiro não familiar com os nossos costumes achará muita página instrutiva. Do romance puramente de análise, raríssimo exemplar temos, ou porque a nossa índole não nos chame para aí, ou porque seja esta casta de obras ainda incompatível com a nossa adolescência literária.

O romance brasileiro recomenda-se especialmente pelos toques do sentimento, quadros da natureza e de costumes, e certa viveza de estilo mui adequada ao espírito do nosso povo. Há em verdade ocasiões em que essas qualidades parecem sair da sua medida natural, mas em regra conservam-se estremes de censura, vindo a sair muita coisa interessante, realmente bela. O espetáculo da natureza, quando o assunto o pede, ocupa notável lugar no romance, e dá páginas animadas e pitorescas, e não as cito por me não divertir do objeto exclusivo deste escrito, que é indicar as excelências e os defeitos do conjunto, sem me demorar em pormenores. Há boas páginas, como digo, e creio até que um grande amor a este recurso da descrição, excelente, sem dúvida, mas (como dizem os mestres) de mediano efeito, se não avultam no escritor outras qualidades essenciais.

Pelo que respeita à análise de paixões e caracteres são muito menos comuns os exemplos que podem satisfazer à crítica; alguns há, porém, de merecimento incontestável. Esta é, na verdade, uma das partes mais difíceis do romance, e ao mesmo tempo das mais superiores. Naturalmente exige da parte do escritor dotes não vulgares de observação, que, ainda em literaturas mais adiantadas, não andam a rodo nem são a partilha do maior número.

As tendências morais do romance brasileiro são geralmente boas. Nem todos eles serão de princípio a fim irrepreensíveis; alguma coisa haverá que uma crítica austera poderia apontar e corrigir. Mas o tom geral é bom. Os livros de certa escola francesa, ainda que muito lidos entre nós, não contaminaram a literatura brasileira, nem sinto nela tendências para adotar as suas doutrinas, o que é já notável mérito. As obras de que falo foram aqui bem-vindas e festejadas, como hóspedes, mas não se aliaram à família nem tomaram o governo da casa. Os nomes que principalmente seduzem a nossa mocidade são os do período romântico; os escritores que se vão buscar para fazer comparações com os nossos — porque há aqui muito amor a essas comparações — são ainda aqueles com que o nosso espírito se educou, os Vítor Hugos, os Gautiers, os Mussets, os Gozlans, os Nervals.

Isento por esse lado o romance brasileiro, não menos o está de tendências políticas, e geralmente de todas as questões sociais — o que não digo por fazer elogio, nem ainda censura, mas unicamente para atestar o fato. Esta casta de obras, conserva-se aqui no puro domínio de imaginação, desinteressada dos problemas do dia e do século, alheia às crises sociais e filosóficas. Seus principais elementos são, como disse, a pintura dos costumes, a luta das paixões, os quadros da natureza, alguma vez o estudo dos sentimentos e dos caracteres; com esses elementos, que são fecundíssimos, possuímos já uma galeria numerosa e a muitos respeitos notável.

No gênero dos contos, à maneira de Henri Murger, ou à de Trueba, ou à de Ch. Dickens, que tão diversos são entre si, tem havido tentativas mais ou menos felizes, porém raras, cumprindo citar, entre outros, o nome do sr. Luís Guimarães Júnior, igualmente folhetinista elegante e jovial. É gênero difícil, a despeito da sua aparente facilidade, e creio que essa mesma aparência lhe faz mal, afastando-se dele os escritores, e não lhe dando, penso eu, o público toda a atenção de que ele é muitas vezes credor.

Em resumo, o romance, forma extremamente apreciada e já cultivada com alguma extensão, é um dos títulos da presente geração literária. Nem todos os livros, repito, deixam de se prestar a uma crítica minuciosa e severa, e se a houvéssemos em condições regulares, creio que os defeitos se corrigiriam, e as boas qualidades adquiririam maior realce. Há geralmente viva imaginação, instinto do belo, ingênua admiração da natureza, amor às coisas pátrias, e além de tudo isto agudeza e observação. Boa e fecunda terra, já deu frutos excelentes e os há de dar em muito maior escala.

A poesia

A ação da crítica seria sobretudo eficaz em relação à poesia. Dos poetas que apareceram no decênio de 1850 a 1860, uns levou-os a morte ainda na flor dos anos, como Álvares de Azevedo, Junqueira Freire, Casimiro de Abreu, cujos nomes excitam na nossa mocidade legítimo e sincero entusiasmo, e bem assim outros de não menor porte. Os que sobreviveram calaram as liras; e se uns voltaram as suas atenções para outro gênero literário, como Bernardo Guimarães, outros vivem dos louros colhidos, se é que não preparam obras de maior tomo, como se diz de Varela, poeta que já pertence ao decênio de 1860 a 1870. Neste último prazo outras vocações apareceram e numerosas, e basta citar um Crespo, um Serra, um Trajano, um Gentil-Homem de Almeida Braga, um Castro Alves, um Luís Guimarães, um Rosendo Moniz, um Carlos Ferreira, um Lúcio de Mendonça, e tantos mais, para mostrar que a poesia contemporânea pode dar muita coisa; se algum destes, como Castro Alves, pertence à eternidade, seus versos podem servir e servem de incentivo às vocações nascentes.

Competindo-me dizer o que acho da atual poesia, atenho-me só aos poetas de recentíssima data, melhor direi a uma escola agora dominante, cujos defeitos me parecem graves, cujos dotes — valiosos, e que poderá dar muito de si, no caso de adotar a necessária emenda.

Não faltam à nossa atual poesia fogo nem estro. Os versos publicados são geralmente ardentes e trazem o cunho da inspiração. Não insisto na cor local; como acima disse, todas as formas a revelam com mais ou menos brilhante resultado; bastando-me citar neste caso as outras duas recentes obras, as *Miniaturas* de Gonçalves Crespo e os *Quadros* de J. Serra, versos estremados dos defeitos que vou assinalar. Acrescentarei que também não falta à poesia atual o sentimento da harmonia exterior. Que precisa ela então? Em que peca a geração presente? Falta-lhe um pouco mais de correção e gosto; peca na intrepidez às vezes da expressão, na impropriedade das imagens, na obscuridade do pensamento. A imaginação, que há deveras, não raro desvaira e se perde, chegando à obscuridade, à hipérbole, quando apenas buscava a novidade e a grandeza. Isto na alta poesia lírica — na ode, diria eu, se ainda subsistisse a antiga poética; na poesia íntima e elegíaca encontram-se os mesmos defeitos, e mais um amaneirado no dizer e no sentir, o que tudo mostra na poesia contemporânea grave doença, que é força combater.

Bem sei que as cenas majestosas da natureza americana exigem do poeta imagens e expressões adequadas. O condor que rompe dos Andes, o pampeiro que varre os campos do Sul, os grandes rios, a mata virgem com todas as suas magnificências de vegetação — não há dúvida que são painéis que desafiam o estro, mas, por isso mesmo que são grandes, devem ser trazidos com oportunidade e expressos com simplicidade. Ambas essas condições faltam à poesia contemporânea, e não é que escasseiem modelos, que aí estão, para só citar três nomes, os versos de Bernardo Guimarães, Varela e Álvares de Azevedo. Um único exemplo bastará para mostrar que a oportunidade e a simplicidade são cabais para reproduzir uma grande imagem ou exprimir uma grande ideia. N'*Os Timbiras*, há uma passagem em que o velho Ogib ouve censurarem-lhe o filho, porque se afasta dos outros guerreiros e vive só. A fala do ancião começa com estes primorosos versos:

São torpes os anuns, que em bandos folgam,
São maus os caititus que em varas pascem:
Somente o sabiá geme sozinho,
E sozinho o condor aos céus remonta.

Nada mais oportuno nem mais singelo do que isto. A escola a que aludo não exprimiria a ideia com tão simples meios, e faria mal, porque o sublime é simples. Fora para desejar que ela versasse e meditasse longamente estes e outros modelos que a literatura brasileira lhe oferece. Certo, não lhe falta, como disse, imaginação; mas esta tem suas regras, o estro leis, e se há casos em que eles rompem as leis e as regras, é porque as fazem novas, é porque se chamam Shakespeare, Dante, Goethe, Camões.

Indiquei os traços gerais. Há alguns defeitos peculiares a alguns livros, como, por exemplo, a antítese, creio que por imitação de Vítor Hugo. Nem por isso acho menos condenável o abuso de uma figura que, se nas mãos do grande poeta produz grandes efeitos, não pode constituir objeto de imitação, nem sobretudo elementos de escola.

Há também uma parte da poesia que, justamente preocupada com a cor local, cai muitas vezes numa funesta ilusão. Um poeta não é nacional só porque insere nos seus versos muitos nomes de flores ou aves do país, o que pode dar uma nacionalidade de vocabulário e nada mais. Aprecia-se a cor local, mas é preciso que a imaginação lhe dê os seus toques, e que estes sejam naturais, não de acarreto. Os defeitos que resumidamente aponto não os tenho por incorrigíveis; a crítica os emendaria; na falta dela, o tempo se incumbirá de trazer às vocações as melhores leis. Com as boas qualidades que cada um pode reconhecer na recente escola de que falo, basta a ação do tempo, e se entretanto aparecesse uma grande vocação poética, que se fizesse reformadora, é fora de dúvida que os bons elementos entrariam em melhor caminho, e à poesia nacional restariam as tradições do período romântico.

O teatro

Esta parte pode reduzir-se a uma linha de reticência. Não há atualmente teatro brasileiro, nenhuma peça nacional se escreve, raríssima peça nacional se representa. As cenas teatrais deste país viveram sempre de traduções, o que não quer dizer que não admitissem alguma obra nacional quando aparecia. Hoje, que o gosto público tocou o último grau da decadência e perversão, nenhuma esperança teria quem se sentisse com vocação para compor obras severas de arte. Quem lhas receberia, se o que domina é a cantiga burlesca ou obscena, o cancã, a mágica aparatosa, tudo o que fala aos sentidos e aos instintos inferiores?

E todavia a continuar o teatro, teriam as vocações novas alguns exemplos não remotos, que muito as haviam de animar. Não falo das comédias do Pena, talento sincero e original, a quem só faltou viver mais para aperfeiçoar-se e empreender obras de maior vulto; nem também das tragédias de Magalhães e dos dramas de Gonçalves Dias, Porto Alegre e Agrário. Mais recentemente, nestes últimos doze ou quatorze anos, houve tal ou qual movimento. Apareceram então os dramas e comédias do sr. J. de Alencar, que ocupou o primeiro lugar na nossa escola realista e cujas obras *Demônio familiar* e *Mãe* são de notável merecimento. Logo em seguida apareceram várias outras composições dignas do aplauso que tiveram, tais como os dramas dos srs. Pinheiro Guimarães, Quintino Bocaiuva e alguns mais; mas nada disso foi adiante. Os autores cedo se enfastiaram da cena que a pouco e pouco foi decaindo até chegar ao que temos hoje, que é nada.

A província ainda não foi de todo invadida pelos espetáculos de feira; ainda lá se representa o drama e a comédia — mas não aparece, que me conste, nenhuma obra nova e original. E com estas poucas linhas fica liquidado este ponto.

A língua

Entre os muitos méritos dos nossos livros nem sempre figura o da pureza da linguagem. Não é raro ver intercalados em bom estilo os solecismos da linguagem comum, defeito grave, a que se junta o da excessiva influência da língua francesa. Este ponto é objeto de divergência entre os nossos escritores. Divergência digo, porque, se alguns caem naqueles defeitos por ignorância ou preguiça, outros há que os adotam por princípio, ou antes por uma exageração de princípio.

Não há dúvida que as línguas se aumentam e alteram com o tempo e as necessidades dos usos e costumes. Querer que a nossa pare no século de quinhentos é um erro igual ao de afirmar que a sua transplantação para a América não lhe inseriu riquezas novas. A este respeito a influência do povo é decisiva. Há, portanto, certos modos de dizer, locuções novas, que de força entram no domínio do estilo e ganham direito de cidade.

Mas se isto é um fato incontestável, e se é verdadeiro o princípio que dele se deduz, não me parece aceitável a opinião que admite todas as alterações da linguagem, ainda aquelas que destroem as leis da sintaxe e a essencial pureza do idioma. A influência popular tem um limite; e o escritor não está obrigado a receber e dar curso a tudo o que o abuso, o capricho e a moda inventam e fazem correr. Pelo contrário, ele exerce também uma grande parte de influência a este respeito, depurando a linguagem do povo e aperfeiçoando-lhe a razão.

Feitas as exceções devidas, não se leem muito os clássicos no Brasil. Entre as exceções poderia eu citar até alguns escritores cuja opinião é diversa da minha neste ponto, mas que sabem perfeitamente os clássicos. Em geral, porém, não se leem, o que é um mal. Escrever como Azurara ou Fernão Mendes seria hoje um anacronismo insuportável. Cada tempo tem o seu estilo. Mas estudar-lhes as formas mais apuradas da linguagem, desentranhar deles mil riquezas, que à força de velhas se fazem novas — não me parece que se deva desprezar. Nem tudo tinham os antigos, nem tudo têm os modernos; com os haveres de uns e outros é que se enriquece o pecúlio comum.

Outra coisa de que eu quisera persuadir a mocidade é que a precipitação não lhe afiança muita vida aos seus escritos. Há um prurido de escrever muito e depressa; tira-se disso glória, e não posso negar que é caminho de aplausos. Há intenção de igualar as criações do espírito com as da matéria, como se elas não fossem neste caso inconciliáveis. Faça muito embora um homem a volta ao mundo em oitenta dias, para uma obra-prima do espírito são precisos alguns mais.

Aqui termino esta notícia. Viva imaginação, delicadeza e força de sentimentos, graças de estilo, dotes de observação e análise, ausência às vezes de gosto, carências às vezes de reflexão e pausa, língua nem sempre pura, nem sempre copiosa, muita cor local, eis aqui por alto os defeitos e as excelências da atual literatura brasileira, que há dado bastante e tem certíssimo futuro.

Eça de Queirós: *O primo Basílio**

Um dos bons e vivazes talentos da atual geração portuguesa, o sr. Eça de Queirós, acaba de publicar o seu segundo romance, *O primo Basílio*. O primeiro, *O crime do padre Amaro*, não foi decerto a sua estreia literária. De ambos os lados do Atlântico, apreciávamos há muito o estilo vigoroso e brilhante do colaborador do sr. Ramalho Ortigão, naquelas agudas *Farpas*, em que aliás os dois notáveis escritores formaram um só. Foi a estreia no romance, e tão ruidosa estreia, que a crítica e o público, de mãos dadas, puseram desde logo o nome do autor na primeira galeria dos contemporâneos. Estava obrigado a prosseguir na carreira encetada; digamos melhor, a colher a palma do triunfo. Que é, e completo e incontestável.

Mas esse triunfo é somente devido ao trabalho real do autor? *O crime do padre Amaro* revelou desde logo as tendências literárias do sr. Eça de Queirós e a escola a que abertamente se filiava. O sr. Eça de Queirós é um fiel e aspérrimo discípulo do realismo propagado pelo autor do *Assommoir*. Se fora simples copista, o dever da crítica era deixá-lo, sem defesa, nas mãos do entusiasmo cego, que acabaria por matá-lo; mas é homem de talento, transpôs ainda há pouco as portas da oficina literá-

---

* Publicado originalmente em *O Cruzeiro*, em 16 e 30 de abril de 1878. (N.E.)

ria; e eu, que lhe não nego a minha admiração, tomo a peito dizer-lhe francamente o que penso, já da obra em si, já das doutrinas e práticas, cujo iniciador é, na pátria de Alexandre Herculano e no idioma de Gonçalves Dias.

Que o sr. Eça de Queirós é discípulo do autor do *Assommoir* ninguém há que o não conheça. O próprio *O crime do padre Amaro* é imitação do romance de Zola, *La faute de l'abbé Mouret*. Situação análoga, iguais tendências; diferença do meio; diferença do desenlace; idêntico estilo; algumas reminiscências, como no capítulo da missa, e outras; enfim, o mesmo título. Quem os leu a ambos, não contestou decerto a originalidade do sr. Eça de Queirós, porque ele a tinha, e tem, e a manifesta de modo afirmativo; creio até que essa mesma originalidade deu motivo ao maior defeito na concepção d'*O crime do padre Amaro*. O sr. Eça de Queirós alterou naturalmente as circunstâncias que rodeavam o padre Mouret, administrador espiritual de uma paróquia rústica, flanqueado de um padre austero e ríspido; o padre Amaro vive numa cidade de província, no meio de mulheres, ao lado de outros que do sacerdócio só têm a batina e as propinas; vê-os concupiscentes e maritalmente estabelecidos, sem perderem um só átomo de influência e consideração. Sendo assim, não se compreende o terror do padre Amaro, no dia em que do seu erro lhe nasce um filho, e muito menos se compreende que o mate. Das duas forças que lutam na alma do padre Amaro, uma é real e efetiva — o sentimento da paternidade; a outra é quimérica e impossível — o terror da opinião, que ele tem visto tolerante e cúmplice no desvio dos seus confrades; e não obstante, é esta a força que triunfa. Haverá aí alguma verdade moral?

Ora bem, compreende-se a ruidosa aceitação d'*O crime do padre Amaro*. Era realismo implacável, consequente, lógico, levado à puerilidade e à obscuridade. Víamos aparecer na nossa língua um realista sem rebuço, sem atenuações, sem melindres, resoluto a vibrar o camartelo no mármore da outra escola, que aos olhos do sr. Eça de Queirós parecia uma simples ruína, uma tradição acabada. Não se conhecia no nosso idioma aquela reprodução fotográfica e servil das coisas mínimas e ignóbeis. Pela primeira vez, aparecia um livro em que o escuso e o — digamos o próprio termo, pois tratamos de repelir a doutrina, não o talento, e menos o homem — em que o escuso e o torpe eram tratados com um carinho minucioso e relacionados com uma exação de inventário. A gente de gosto leu com prazer alguns quadros, excelentemente acabados, em que o sr. Eça de Queirós esquecia por minutos as preocupações da escola; e, ainda nos quadros que lhe destoavam, achou mais de um rasgo feliz, mais de uma expressão verdadeira; a maioria, porém, atirou-se ao inventário. Pois que havia de fazer a maioria, senão admirar a fidelidade de um autor, que não esquece nada, e não oculta nada? Porque a nova poética é isto, e só chegará à perfeição no dia em que nos disser o número exato dos fios de que se compõe um lenço de cambraia ou um esfregão de cozinha. Quanto à ação em si, e os episódios que a esmaltam, foram um dos atrativos d'*O crime do padre Amaro*, e o maior deles; tinham o mérito do pomo defeso. E tudo isso, saindo das mãos de um homem de talento, produziu o sucesso da obra.

Certo da vitória, o sr. Eça de Queirós reincidiu no gênero, e trouxe-nos *O primo Basílio*, cujo êxito é evidentemente maior que o do primeiro romance, sem que, aliás, a ação seja mais intensa, mais interessante ou vivaz nem mais perfeito o estilo. A que atribuir a maior aceitação deste livro? Ao próprio fato da reincidência, e, outrossim, ao requinte de certos lances, que não destoaram do paladar público. Talvez o autor se enganou em um ponto. Uma das passagens que maior impressão fizeram, n'*O crime do padre Amaro*, foi a palavra de calculado cinismo, dita pelo herói. O herói d'*O primo Basílio* remata o livro com um dito análogo; e, se no primeiro romance é ele característico e novo, no segundo é já rebuscado, tem um ar de *cliché*; enfastia. Excluído esse lugar, a reprodução dos lances e do estilo é feita com o artifício necessário, para lhes dar novo aspecto e igual impressão.

Vejamos o que é *O primo Basílio* e comecemos por uma palavra que há nele. Um dos personagens, Sebastião, conta a outro o caso de Basílio, que, tendo namorado Luísa em solteira, estivera para casar com ela; mas falindo o pai, veio para o Brasil, donde escreveu desfazendo o casamento. — Mas é a *Eugênia Grandet!* exclama o outro. O sr. Eça de Queirós incumbiu-se de nos dar o fio da sua concepção. Disse talvez consigo: — Balzac separa os dois primos, depois de um beijo (aliás, o mais casto dos beijos). Carlos vai para a América; a outra fica, e fica solteira. Se a casássemos com outro, qual seria o resultado do encontro dos dois na Europa? — Se tal foi a reflexão do autor, devo dizer, desde já, que de nenhum modo plagiou os personagens de Balzac. A Eugênia deste, a provinciana singela e boa, cujo corpo, aliás robusto, encerra uma alma apaixonada e sublime, nada tem com a Luísa do sr. Eça de Queirós. Na Eugênia, há uma personalidade acentuada, uma figura moral, que por isso mesmo nos interessa e prende; a Luísa — força é dizê-lo —, a Luísa é um caráter negativo, e no meio da ação ideada pelo autor, é antes um títere do que uma pessoa moral.

Repito, é um títere; não quero dizer que não tenha nervos e músculos; não tem mesmo outra coisa; não lhe peçam paixões nem remorsos; menos ainda consciência.

Casada com Jorge, faz este uma viagem ao Alentejo, ficando ela sozinha em Lisboa; aparece-lhe o primo Basílio, que a amou em solteira. Ela já o não ama; quando leu a notícia da chegada dele, doze dias antes, ficou muito "admirada"; depois foi cuidar dos coletes do marido. Agora, que o vê, começa por ficar nervosa; ele lhe fala das viagens, do patriarca de Jerusalém, do papa, das luvas de oito botões, de um rosário e dos namoros de outro tempo; diz-lhe que estimara ter vindo justamente na ocasião de estar o marido ausente. Era uma injúria: Luísa fez-se escarlate; mas à despedida dá-lhe a mão a beijar, dá-lhe até entender que o espera no dia seguinte. Ele sai; Luísa sente-se "afogueada, cansada", vai despir--se diante de um espelho, "olhando-se muito, gostando de se ver branca". A tarde e a noite gasta-as a pensar ora no primo, ora no marido. Tal é o introito, de uma queda, que nenhuma razão moral explica, nenhuma paixão, sublime ou subalterna, nenhum amor, nenhum despeito, nenhuma perversão sequer. Luísa resvala no lodo, sem vontade, sem repulsa, sem consciência; Basílio não faz mais do que empuxá-la, como matéria inerte que é. Uma vez rolada ao erro, como nenhuma flama espiritual a alenta, não acha ali a saciedade das grandes paixões criminosas: rebolca-se simplesmente.

Assim, essa ligação de algumas semanas, que é o fato inicial e essencial da ação, não passa de um incidente erótico, sem relevo, repugnante, vulgar. Que tem o leitor do livro com essas duas criaturas sem ocupação nem sentimentos? Positivamente nada.

E aqui chegamos ao defeito capital da concepção do sr. Eça de Queirós. A situação tende a acabar, porque o marido está prestes a voltar do Alentejo, e Basílio começa a enfastiar-se, e, já por isso, já porque o instiga um companheiro seu, não tardará a trasladar-se a Paris. Interveio, neste ponto, uma criada. Juliana, o caráter mais completo e verdadeiro do livro; Juliana está enfadada de servir; espreita um meio de enriquecer depressa; logra apoderar-se de quatro cartas; é o triunfo, é a opulência. Um dia em que a ama lhe ralha com aspereza, Juliana denuncia as armas que possui. Luísa resolve fugir com o primo; prepara um saco de viagem, mete dentro alguns objetos, entre eles um retrato do marido. Ignoro inteiramente a razão fisiológica ou psicológica desta precaução de ternura conjugal: deve haver alguma; em todo caso, não é aparente. Não se efetua a fuga, porque o primo rejeita essa complicação; limita-se a oferecer o dinheiro para reaver as cartas — dinheiro que a prima recusa —, despede-se e retira-se de Lisboa. Daí em diante o cordel que move a alma inerte de Luísa passa das mãos de Basílio para as da criada. Juliana, com a ameaça nas mãos, obtém de Luísa tudo, que lhe dê roupa, que lhe troque a alcova, que lha forre de palhinha, que a dispense de trabalhar. Faz mais: obriga-a a varrer, a engomar, a desempenhar outros misteres imundos. Um dia Luísa não se contém; confia tudo a um amigo de casa, que ameaça a criada com a polícia e a prisão, e obtém assim as fatais letras. Juliana sucumbe a um aneurisma; Luísa, que já padecia com a longa ameaça e perpétua humilhação, expira alguns dias depois.

Um leitor perspicaz terá já visto a incongruência da concepção do sr. Eça de Queirós, e a inanidade do caráter da heroína. Suponhamos que tais cartas não eram descobertas, ou que Juliana não tinha a malícia de as procurar, ou enfim que não havia semelhante fâmula em casa, nem outra da mesma índole. Estava acabado o romance, porque o primo enfastiado seguiria para a França, e Jorge regressaria do Alentejo; os dois esposos voltavam à vida anterior. Para obviar a esse inconveniente, o autor inventou a criada e o episódio das cartas, as ameaças, as humilhações, as angústias e logo a doença, e a morte da heroína. Como é que um espírito tão esclarecido, como o do autor, não viu que semelhante concepção era a coisa menos congruente e interessante do mundo? Que temos nós com essa luta intestina entre a ama e a criada, e em que nos pode interessar a doença de uma e a morte de ambas? Cá fora, uma senhora que sucumbisse às hostilidades de pessoas de seu serviço, em consequência de cartas extraviadas, despertaria certamente grande interesse, e imensa curiosidade; e, ou a condenássemos, ou lhe perdoássemos, era sempre um caso digno de lástima. No livro é outra coisa. Para que Luísa me atraia e me prenda, é preciso que as tribulações que a afligem venham dela mesma; seja uma rebelde ou uma arrependida, tenha remorsos ou imprecações; mas, por Deus! dê-me a sua pessoa moral. Gastar o aço da paciência a fazer tapar a boca de uma cobiça subalterna, a substituí-la nos misteres ínfimos, a defendê-la dos ralhos do marido, é cortar todo o vínculo moral entre ela e nós. Já nenhum há, quando Luísa adoece e morre. Por quê? porque sabemos que a catástrofe é o resultado de uma circunstância fortuita, e nada mais; e consequentemente por esta razão capital: Luísa não tem remorsos, tem medo.

Se o autor, visto que o Realismo também inculca vocação social e apostólica, intentou dar no seu romance algum ensinamento ou demonstrar com ele alguma tese, força é confessar que o não conseguiu, a menos de supor que a tese ou ensinamento seja isto: — A boa escolha dos fâmulos é uma condição de paz no adultério. A um escritor esclarecido e de boa-fé, como o sr. Eça de Queirós, não seria lícito contestar que, por mais singular que pareça a conclusão, não há outra no seu livro. Mas o autor poderia retorquir: — Não, não quis formular nenhuma lição social ou moral; quis somente escrever uma hipótese; adoto o realismo, porque é a verdadeira forma da arte e a única própria do nosso tempo e adiantamento mental; mas não me proponho a lecionar ou curar; exerço a patologia, não a terapêutica. A isso responderia eu com vantagem: — Se escreveis uma hipótese dai-me a hipótese lógica, humana, verdadeira. Sabemos todos que é aflitivo o espetáculo de uma grande dor física; e, não obstante, é máxima corrente em arte, que semelhante espetáculo, no teatro, não comove a ninguém; ali vale somente a dor moral. Ora bem; aplicai esta máxima ao vosso realismo, e sobretudo proporcionai o efeito à causa, e não exijais a minha comoção a troco de um equívoco.

E passemos agora ao mais grave, ao gravíssimo.

Parece que o sr. Eça de Queirós quis dar-nos na heroína um produto da educação frívola e da vida ociosa; não obstante, há aí traços que fazem supor, à primeira vista, uma vocação sensual. A razão disso é a fatalidade das obras do sr. Eça de Queirós — ou, noutros termos, do seu realismo sem condescendência: é a sensação física. Os exemplos acumulam-se de página a página; apontá-los seria reuni-los e agravar o que há neles desvendado e cru. Os que de boa-fé supõem defender o livro, dizendo que podia ser expurgado de algumas cenas, para só ficar o pensamento moral ou social que o engendrou, esquecem ou não reparam que isso é justamente a medula da composição. Há episódios mais crus do que outros. Que importa eliminá-los? Não poderíamos eliminar o tom do livro. Ora, o tom é o espetáculo dos ardores, exigências e perversões físicas. Quando o fato lhe não parece bastante caracterizado com o termo próprio, o autor acrescenta-lhe outro impróprio. De uma carvoeira, à porta da loja, diz ele que apresentava a "gravidez bestial". Bestial por quê? Naturalmente, porque o adjetivo avoluma o substantivo e o autor não vê ali o sinal da maternidade humana; vê um fenômeno animal, nada mais.

Com tais preocupações de escola, não admira que a pena do autor chegue ao extremo de correr o reposteiro conjugal; que nos talhe as suas mulheres pelos aspectos e trejeitos da concupiscência; que escreva reminiscências e alusões de um erotismo, que Proudhon chamaria onissexual e onímodo; que, no meio das tribulações que assaltam a heroína, não lhe infunda no coração, em relação ao esposo, as esperanças de um sentimento superior, mas somente os cálculos da sensualidade e os "ímpetos de concubina"; que nos dê as cenas repugnantes do *Paraíso*; que não esqueça sequer os desenhos torpes de um corredor de teatro. Não admira; é fatal; tão fatal como a outra preocupação correlativa. Ruim moléstia é o catarro; mas por que hão de padecer dela os personagens do sr. Eça de Queirós? N'*O crime do padre Amaro* há bastantes afetados de tal achaque; n'*O primo Basílio* fala-se apenas de um caso: um indivíduo que morreu de catarro na bexiga. Em compensação há infinitos "jatos escuros de saliva". Quanto à preocupação constante do acessório, bastará citar as confidências de Sebastião a Juliana, feitas casualmente à porta e dentro de uma confeitaria, para termos ocasião de ver reproduzidos o mostrador e as suas pirâmides de doces, os bancos, as mesas, um sujeito que lê um jornal e cospe a miúdo, o choque das bolas de bilhar, uma rixa interior, e outro sujeito que sai a vociferar contra o parceiro; bastará citar o longo jantar do Conselheiro Acácio (transcrição do personagem de Henri Monier); finalmente, o capítulo do Teatro de S. Carlos, quase no fim do livro. Quando todo o interesse se concentra em casa de Luísa, onde Sebastião trata de reaver as cartas subtraídas pela criada, descreve-nos o autor uma noite inteira de espetáculos, a plateia, os camarotes, a cena, uma altercação de espectadores.

Que os três quadros estão acabados com muita arte, sobretudo o primeiro, é coisa que a crítica imparcial deve reconhecer; mas por que avolumar tais acessórios até o ponto de abafar o principal?

Talvez estes reparos sejam menos atendíveis, desde que o nosso ponto de vista é diferente. O sr. Eça de Queirós não quer ser realista mitigado, mas intenso e completo; e daí vem que o tom carregado das tintas, que nos assusta, para ele é simplesmente o tom próprio. Dado, porém, que a doutrina do sr. Eça de Queirós fosse verdadeira, ainda assim cumpria não acumular tanto as cores, nem acentuar tanto as linhas; e quem o diz é o próprio chefe da escola, de quem li, há pouco, e não sem pasmo, que o perigo do movimento realista é haver quem suponha que o traço grosso é o traço exato. Digo isto no interesse do talento do sr. Eça de Queirós, não no da doutrina que lhe é adversa; porque a esta o que mais importa é que o sr. Eça de Queirós escreva outros livros como O primo Basílio. Se tal suceder, o Realismo na nossa língua será estrangulado no berço; e a arte pura, apropriando-se do que ele contiver aproveitável (porque o há, quando se não despenha no excessivo, no tedioso, no obsceno, e até no ridículo), a arte pura, digo eu, voltará a beber aquelas águas sadias d'O monge de Cister, d'O arco de Sant'Ana e d'O guarani.

A atual literatura portuguesa é assaz rica de força e talento para podermos afiançar que este resultado será certo, e que a herança de Garrett se transmitirá intacta às mãos da geração vindoura.

* * *

Há quinze dias, escrevi nestas colunas uma apreciação crítica do segundo romance do sr. Eça de Queirós, O primo Basílio, e daí para cá apareceram dois artigos em resposta ao meu, e porventura algum mais em defesa do romance. Parece que a certa porção de leitores desagradou a severidade da crítica. Não admira; nem a severidade está muito nos hábitos da terra, nem a doutrina realista é tão nova que não conte já, entre nós, mais de um férvido religionário. Criticar o livro era muito; refutar a doutrina era demais. Urgia, portanto, destruir as objeções e aquietar os ânimos assustados; foi o que se pretendeu fazer e foi o que se não fez.

Pela minha parte, podia dispensar-me de voltar ao assunto. Volto (e pela última vez) porque assim o merece a cortesia dos meus contendores; e, outrossim, porque não fui entendido em uma das minhas objeções.

E antes de ir adiante, convém retificar um ponto. Um dos meus contendores acusa-me de nada achar bom n'O primo Basílio. Não advertiu que, além de proclamar o talento do autor (seria pueril negar-lho) e de lhe reconhecer o dom da observação, notei o esmero de algumas páginas e a perfeição de um dos seus caracteres. Não me parece que isto seja negar tudo a um livro, e a um segundo livro. Disse comigo: — Este homem tem faculdades de artista, dispõe de um estilo de boa têmpera, tem observação; mas o seu livro traz defeitos que me parecem graves, uns de concepção, outros da escola em que o autor é aluno, e onde aspira a tornar-se mestre; digamos-lhe isto mesmo, com a clareza e franqueza a que têm jus os espíritos de certa esfera. — E foi o que fiz, preferindo às generalidades do diletantismo literário a análise sincera e a reflexão paciente e longa. Censurei e louvei, crendo haver assim provado duas coisas: a lealdade da minha crítica e a sinceridade da minha admiração.

Venhamos agora à concepção do sr. Eça de Queirós, e tomemos a liberdade de mostrar aos seus defensores como se deve ler e entender uma objeção. Tendo eu dito que, se não houvesse o extravio das cartas, ou se Juliana fosse mulher de outra índole, acabava o romance em meio, porque Basílio, enfastiado, segue para a França, Jorge volta do Alentejo, e os dois esposos tornariam à vida antiga, replicam-me os meus contendores de um modo, na verdade, singular. Um achou a objeção fútil e até cômica; outro evocou os manes de Judas Macabeu, de Antíoco, e do elefante de Antíoco. Sobre o elefante foi construída uma série de hipóteses destinadas a provar a futilidade do meu argumento. Por que Herculano fez Eurico um presbítero? Se Hermengarda tem casado com o gardingo logo no começo, haveria romance? Se o sr. Eça de Queirós não houvesse escrito *O primo Basílio*, estaríamos agora a analisá-lo? Tais são as hipóteses, as perguntas, as deduções do meu argumento; e foi-me precisa toda a confiança que tenho na boa-fé dos defensores do livro, para não supor que estavam a mofar de mim e do público.

Que não entendessem, vá; não era um desastre irreparável. Mas uma vez que não entendiam, podiam lançar mão de um destes dois meios: reler-me ou calar. Preferiram atribuir-me um argumento de simplório; involuntariamente, creio; mas, em suma, não me atribuíram outra coisa. Releiam-me; lá verão que, depois de analisar o caráter de Luísa, de mostrar que ela cai sem repulsa nem vontade, que nenhum amor nem ódio a abala, que o adultério é ali uma simples aventura passageira, chego à conclusão de que, com tais caracteres como Luísa e Basílio, uma vez separados os dois, e regressando o marido, não há meio de continuar o romance, porque os heróis e a ação não dão mais nada de si, e o erro de Luísa seria um simples parênteses no período conjugal. Voltariam todos ao primeiro capítulo: Luísa tornava a pegar no *Diário de Notícias*, naquela sala de jantar tão bem descrita pelo autor; Jorge ia escrever os seus relatórios, os frequentadores da casa continuariam a ir ali encher os serões. Que acontecimento, logicamente deduzido da situação moral dos personagens, podia vir continuar uma ação extinta? Evidentemente nenhum. Remorsos? Não há probabilidades deles; porque, ao anunciar-se a volta do marido, Luísa, não obstante o extravio das cartas, esquece todas as inquietações, "sob uma sensação de desejo que a inunda". Tirai o extravio das cartas, a casa de Jorge passa a ser uma nesga do *paraíso*; sem essa circunstância, inteiramente casual, acabaria o romance. Ora, a substituição do principal pelo acessório, a ação transplantada dos caracteres e dos sentimentos para o incidente, para o fortuito, eis o que me pareceu incongruente e contrário às leis da arte.

Tal foi a minha objeção. Se algum dos meus contendores chegar a demonstrar que a objeção não é séria, terá cometido uma ação extraordinária. Até lá, ser-me-á lícito conservar uma pontazinha de ceticismo.

Que o sr. Eça de Queirós podia lançar mão do extravio das cartas, não serei eu que o conteste; era seu direito. No modo de exercer é que a crítica lhe toma contas. O lenço de Desdêmona tem larga parte na sua morte; mas

a alma ciosa e ardente de Otelo, a perfídia de Iago e a ino-
cência de Desdêmona, eis os elementos principais da ação.
O drama existe, porque está nos caracteres, nas paixões,
na situação moral dos personagens: o acessório não domina o absoluto; é como a rima de Boileau: *il ne doit
qu'obéir*. Extraviem-se as cartas, faça uso delas Juliana; é
um episódio como qualquer outro. Mas o que, a meu ver,
constitui o defeito da concepção do sr. Eça de Queirós é
que a ação, já despida de todo o interesse anedótico, ad-
quire um interesse de curiosidade. Luísa resgatará as cartas? Eis o problema que o leitor tem diante de si. A vida,
os cuidados, os pensamentos da heroína não têm outro
objeto, senão esse. Há uma ocasião em que, não saben-
do onde ir buscar o dinheiro necessário ao resgate, Luísa
compra umas cautelas de loteria; sai branco. Suponhamos
(ainda uma suposição) que o número saísse premiado; as
cartas eram entregues; e, visto que Luísa não tem mais do
que medo, se lhe restabelecia a paz do espírito, e com ela
a paz doméstica. Indicar a possibilidade desta conclusão é
patentear o valor da minha crítica.

Nem seria para admirar o desenlace pela loteria, porque a loteria tem influência decisiva em certo momento
da aventura. Um dia, arrufada com o amante, Luísa fica
incerta se irá vê-lo ou não; atira ao ar uma moeda de
cinco tostões; era cunho: devia ir e foi. Esses traços de caráter é que me levaram a dizer, quando a comparei com a
Eugênia, de Balzac, que nenhuma semelhança havia entre
as duas, porque esta tinha uma forte acentuação moral, e
aquela não passava de um *títere*. Parece que a designação
destoou no espírito dos meus contendores, e houve esfor-
ço comum para demonstrar que a designação era uma ca-
lúnia ou uma superfluidade. Disseram-me que, se Luísa
era um *títere*, não podia ter músculos e nervos, como não
podia ter medo, porque os *títeres* não têm medo.

Supondo que este trocadilho de ideias veio somente para desenfadar o estilo, me abstenho de o considerar

mais tempo; mas não irei adiante sem convidar os defensores a todo transe a que releiam, com pausa, o livro do sr. Eça de Queirós: é o melhor método quando se procura penetrar a verdade de uma concepção. Não direi, como Buffon, que o gênio é a paciência; mas creio poder afirmar que a paciência é a metade da sagacidade: ao menos, na crítica.

Nem basta ler; é preciso comparar, deduzir, aferir a verdade do autor. Assim é que, estando Jorge de regresso e extinta a aventura do primo, Luísa cerca o marido de todos os cuidados — "cuidados de mãe e ímpetos de concubina". Que nos diz o autor nessa página? Que Luísa se envergonhava um pouco da maneira "por que amava o marido; sentia vagamente que naquela violência amorosa havia pouca dignidade conjugal. Parecia-lhe que tinha apenas um *capricho*".

Que horror! Um capricho por um marido! Que lhe importaria, de resto? "Aquilo fazia-a feliz." Não há absolutamente nenhum meio de atribuir a Luísa esse escrúpulo de dignidade conjugal; está ali porque o autor no-lo diz; mas não basta; toda a composição do caráter de Luísa é antinômica com semelhante sentimento. A mesma coisa diria dos remorsos que o autor lhe atribui, se ele não tivesse o cuidado de os definir. O remorso de Luísa, permita-me dizê-lo, não é a vergonha da consciência, é a vergonha dos sentidos; ou, como diz o autor: "um gosto infeliz em cada beijo". Medo, sim; o que ela tem é medo; disse-o eu e di-lo ela própria: "Que feliz seria, se não fosse a infame!".

Sobre a linguagem, alusões, episódios, e outras partes do livro, notadas por mim, como menos próprias do decoro literário, um dos contendores confessa que os acha excessivos, e podiam ser eliminados, ao passo que outro os aceita e justifica, citando em defesa o exemplo de Salomão na poesia do *Cântico dos cânticos*:

On ne s'attendait guère
A voir la Bible en cette affaire;

e menos ainda se podia esperar o que nos diz do livro bíblico. Ou recebeis o livro, como deve fazer um católico, isto é, em seu sentido místico e superior, e em tal caso não podeis chamar-lhe erótico; ou só o recebeis no sentido literário, e então nem é poesia, nem é de Salomão; é drama e de autor anônimo. Ainda, porém, que o aceiteis como um simples produto literário, o exemplo não serve de nada.

Nem era preciso ir à Palestina. Tínheis a *Lisístrata*; e se a *Lisístrata* parecesse obscena demais, podíeis argumentar com algumas frases de Shakespeare e certas locuções de Gil Vicente e Camões. Mas o argumento, se tivesse diferente origem, não teria diferente valor. Em relação a Shakespeare, que importam algumas frases obscenas, em uma ou outra página, se a explicação de muitas delas está no tempo, e se a respeito de todas nada há de sistemático? Eliminai-as ou modificai-as, nada tirareis ao criador das mais castas figuras do teatro, ao pai de Imogene, de Miranda, de Viola, de Ofélia, eternas figuras, sobre as quais hão de repousar eternamente os olhos dos homens. Demais, seria mal cabido invocar o padrão do Romantismo para defender os excessos do Realismo.

Gil Vicente usa locuções que ninguém hoje escreveria, e menos ainda faria repetir no teatro; e não obstante as comédias desse grande engenho eram representadas na corte de d. Manuel e d. João III. Camões, em suas comédias, também deixou palavras hoje condenadas. Qualquer dos velhos cronistas portugueses emprega, por exemplo, o verbo próprio, quando trata do ato, que hoje designamos com a expressão *dar à luz*; o verbo era então polido; tempo virá em que *dar à luz* seja substituída por outra expressão; e nenhum jornal, nenhum teatro a imprimirá ou declamará como fazemos hoje.

A razão disto, se não fosse óbvia, podíamos apadrinhá-la com Macaulay: é que há termos delicados num século e grosseiros no século seguinte. Acrescentarei que noutros casos a razão pode ser simplesmente tolerância do gosto.

Que há, pois, comum entre exemplos dessa ordem e a escola de que tratamos? Em que pode um drama de Israel, uma comédia de Atenas, uma locução de Shakespeare ou de Gil Vicente justificar a obscenidade sistemática do Realismo? Diferente coisa é a indecência relativa de uma locução, e a constância de um sistema que, usando aliás de relativa decência nas palavras, acumula e mescla toda a sorte de ideias e sensações lascivas; que, no desenho e colorido de uma mulher, por exemplo, vai direto às indicações sensuais.

Não peço, decerto, os estafados retratos do Romantismo decadente; pelo contrário, alguma coisa há no Realismo que pode ser colhido em proveito da imaginação e da arte. Mas sair de um excesso para cair em outro não é regenerar nada; é trocar o agente da corrupção.

Um dos meus contendores persuade-se que o livro podia ser expurgado de alguns traços mais grossos; persuasão, que no primeiro artigo disse eu que era ilusória, e por quê. Há quem vá adiante e creia que, não obstante as partes condenadas, o livro tem um grande efeito moral. Essa persuasão não é menos ilusória que a primeira; a impressão moral de um livro não se faz por silogismo, e se assim fosse, já ficou dito também no outro artigo qual a conclusão deste. Se eu tivesse de julgar o livro pelo lado da influência moral, diria que, qualquer que seja o ensinamento, se algum tem, qualquer que seja a extensão da catástrofe, uma e outra coisa são inteiramente destruídas pela viva pintura dos fatos viciosos: essa pintura, esse aroma de alcova, essa descrição minuciosa, quase técnica, das relações adúlteras, eis o mal. A castidade inadvertida que ler o livro chegará à última página, sem fechá-lo, e tornará atrás para reler outras.

Mas não trato disso agora; não posso sequer tratar mais nada; foge-me o espaço. Resta-me concluir, e concluir aconselhando aos jovens talentos de ambas as terras da nossa língua, que não se deixem seduzir por uma doutrina caduca, embora no verdor dos anos. Este messianismo literário não tem a força da universalidade nem da vitalidade; traz consigo a decrepitude. Influi, decerto, em bom sentido e até certo ponto, não para substituir as doutrinas aceitas, mas corrigir o excesso de sua aplicação. Nada mais. Voltemos os olhos para a realidade, mas excluamos o Realismo, assim não sacrificaremos a verdade estética.

Um dos meus contendores louva o livro do sr. Eça de Queirós, por dizer a verdade, e atribui a algum hipócrita a máxima de que nem todas as verdades se dizem. Vejo que confunde a arte com a moral; vejo mais que se combate a si próprio. Se todas as verdades se dizem, por que excluir algumas?

Ora, o realismo dos srs. Zola e Eça de Queirós, apesar de tudo, ainda não esgotou todos os aspectos da realidade. Há atos íntimos e ínfimos, vícios ocultos, secreções sociais que não podem ser preteridas nessa exposição de todas as coisas. Se são naturais para que escondê-los? Ocorre-me que Voltaire, cuja eterna mofa é a consolação do bom senso (quando não transcende o humano limite), a Voltaire se atribui uma resposta, da qual apenas citarei metade: *Très naturel aussi, mais je porte des culottes.*

Quanto ao sr. Eça de Queirós e aos seus amigos deste lado do Atlântico, repetirei que o autor d'*O primo Basílio* tem em mim um admirador de seus talentos, adversário de suas doutrinas, desejoso de o ver aplicar, por modo diferente, as fortes qualidades que possui; que, se admiro também muitos dotes do seu estilo, faço restrições à linguagem; que o seu dom de observação, aliás pujante, é complacente em demasia; sobretudo, é exterior, é superficial. O fervor dos amigos pode estranhar este modo de sentir e a franqueza de o dizer. Mas então o que seria a crítica?

O jornal e o livro[*][1]

AO SR. DR. MANUEL ANTÔNIO DE ALMEIDA

I

O espírito humano, como o heliotrópio, olha sempre de face um sol que o atrai, e para o qual ele caminha sem cessar: — é a perfectibilidade.

A evidência deste princípio, ou antes deste fato, foi claramente demonstrada num livro de ouro[2] que tornou-se o Evangelho de uma religião. Serei eu, derradeiro dos levitas da nova arca, que me abalance a falar sobre tão debatido e profundo assunto?

Seria loucura tentá-lo. De resto, eu manifestei a minha profissão de fé nuns versos singelos,[**] mas não frios de entusiasmo, nascidos de uma discussão. Mas então tratava-se do progresso na sua expressão genérica. Desta vez limito-me a traçar algumas ideias sobre uma especialidade, um sintoma do adiantamento moral da humanidade.

Sou dos menos inteligentes adeptos da nova crença,

---

[*] Publicado originalmente em *Correio Mercantil*, em 10 e 12 de janeiro de 1859. (N.E.)

1 A ideia deste trabalho pertence ao meu amigo o sr. Reinaldo Carlos. (N.A.)

2 *Le Monde Marche* do sr. Pelletan. (N.A.)

[**] "O progresso — Hino da mocidade", dedicado a E. Pelletan, e publicado no *Correio Mercantil* em 30 de novembro de 1859 (Apud. J. Galante de Sousa). (N.E.)

mas tenho consciência que dos de mais profunda convicção. Sou filho deste século, em cujas veias ferve o licor da esperança. Minhas tendências, minhas aspirações, são as aspirações e as tendências da mocidade; e a mocidade é o fogo, a confiança, o futuro, o progresso. A nós, *guebros* modernos do fogo intelectual, na expressão de Lamartine, não importa este ou aquele brado de descrença e desânimo: as sedições só se realizam contra os princípios, nunca contra as variedades.

Não há como contradizê-lo. Por qualquer face que se olhe o espírito humano descobre-se a reflexão viva de um sol ignoto. Tem-se reconhecido que há homens para quem a evidência das teorias é uma quimera; felizmente temos a evidência dos fatos, diante da qual os S. Tomés do século têm de curvar a cabeça.

É a época das regenerações. A Revolução Francesa, o estrondo maior dos tempos europeus, na bela expressão do poeta de *Jocelyn*, foi o passo da humanidade para entrar neste século. O pórtico era gigantesco, e era necessário um passo de gigante para entrá-lo. Ora, esta explosão do pensamento humano concentrado na rainha da Europa não é um sintoma de progresso? O que era a Revolução Francesa senão a ideia que se fazia república, o espírito humano que tomava a toga democrática pelas mãos do povo mais democrático do mundo? Se o pensamento se fazia liberal é que tomava a sua verdadeira face. A humanidade, antes de tudo, é republicana.

Tudo se regenera: tudo toma uma nova face. O jornal é um sintoma, um exemplo desta regeneração. A humanidade, como o vulcão, rebenta uma nova cratera quando mais fogo lhe ferve no centro. A literatura tinha acaso nos moldes conhecidos em que preenchesse o fim do pensamento humano? Não; nenhum era vasto como o jornal, nenhum liberal, nenhum democrático, como ele. Foi a nova cratera do vulcão.

Tratemos do jornal, esta alavanca que Arquimedes pedia para abalar o mundo, e que o espírito humano, este Arquimedes de todos os séculos, encontrou.

O jornal matará o livro? O livro absorverá o jornal?

A humanidade desde os primeiros tempos tem caminhado em busca de um meio de propagar e perpetuar a ideia. Uma pedra convenientemente levantada era o símbolo representativo de um pensamento. A geração que nascia vinha ali contemplar a ideia da geração aniquilada.

Este meio, mais ou menos aperfeiçoado, não preenchia as exigências do pensamento humano. Era uma fórmula estreita, muda, limitada. Não havia outro. Mas as tendências progressivas da humanidade não se acomodavam com os exemplares primitivos dos seus livros de pedra. De perfeição em perfeição nasceu a arte. A arquitetura vinha transformar em preceito, em ordem, o que eram então partos grotescos da fantasia dos povos. O Egito na aurora da arquitetura deu-lhe a solidez e a simplicidade nas formas severas da coluna e da pirâmide. Parece que este povo ilustre queria fazer eterna a ideia no monumento, como o homem na múmia.

O meio, pois, de propagar e perpetuar a ideia era uma arte. Não farei a história dessa arte, que, passando pelo crisol das civilizações antigas, enriquecida pelo gênio da Grécia e de Roma, chegou ao seu apogeu na Idade Média e cristalizou a ideia humana na catedral. A catedral é mais que uma fórmula arquitetônica, é a síntese do espírito e das tendências daquela época. A influência da Igreja sobre os povos lia-se nessas epopeias de pedra; a arte por sua vez acompanhava o tempo e produzia com seus arrojos de águia as obras-primas do santuário.

A catedral é a chave de ouro que fecha a vida de séculos da arquitetura antiga; foi a sua última expressão, o seu derradeiro crepúsculo, mas uma expressão eloquente, mas um crepúsculo palpitante de luz.

Era, porém, preciso um gigante para fazer morrer outro gigante. Que novo parto do engenho humano veio nulificar uma arte que reinara por séculos? Evidentemente era mister uma revolução para apear a realeza de um sistema; mas essa revolução devia ser a expressão de um outro sistema de incontestável legitimidade. Era chegada a imprensa, era chegado o livro.

O que era a imprensa? Era o fogo do céu que um novo Prometeu roubara, e que vinha animar a estátua de longos anos. Era a faísca elétrica da inteligência que vinha unir a raça aniquilada à geração vivente por um meio melhor, indestrutível, móbil, mais eloquente, mais vivo, mais próprio a penetrar arraiais de imortalidade.

O que era o livro? Era a fórmula da nova ideia, do novo sistema. O edifício, manifestando uma ideia, não passava de uma coisa local, estreita. O vivo procurava-o para ler a ideia do morto; o livro, pelo contrário, vem trazer à raça existente o pensamento da raça aniquilada. O progresso aqui é evidente.

A revolução foi completa. O Universo sentiu um imenso abalo pelo impulso de uma dupla causa: uma ideia que caía e outra que se levantava. Com a onipotência das grandes invenções, a imprensa atraía todas as vistas e todas as inteligências convergiam para ela. Era um crepúsculo que unia a aurora e o ocaso de dois grandes sóis. Mas a aurora é a mocidade, a seiva, a esperança; devia ofuscar o sol que descambava. É o que temia aquele arcediago da catedral parisiense, tão bem delineado pelo poeta das *Contemplações*.

Com efeito! a imprensa era mais que uma descoberta maravilhosa, era uma redenção. A humanidade galgava assim o Himalaia dos séculos, e via na ideia que alvorecia uma arca poderosa e mais capaz de conter o pensamento humano.

A imprensa devorou, pois, a arquitetura. Era o leão devorando o sol, como na epopeia do nosso Homero.*

---

* *Colombo*, poema em que trabalha o sr. Porto Alegre. (N. E.)

Não procurarei historiar o desenvolvimento desta arte-rei, desenvolvimento asselado em cada época por um progresso. Sabe-se a que ponto está aperfeiçoada, e não se pode calcular a que ponto chegará ainda.

Mas restabeleçamos a questão. A humanidade perdia a arquitetura, mas ganhava a imprensa; perdia o edifício, mas ganhava o livro. O livro era um progresso; preenchia as condições do pensamento humano? Decerto; mas faltava ainda alguma coisa; não era ainda a tribuna comum, aberta à família universal, aparecendo sempre com o sol e sendo como ele o centro de um sistema planetário. A forma que correspondia a estas necessidades, a mesa popular para a distribuição do pão eucarístico da publicidade, é propriedade do espírito moderno: é o jornal.

O jornal é a verdadeira forma da república do pensamento. É a locomotiva intelectual em viagem para mundos desconhecidos, é a literatura comum, universal, altamente democrática, reproduzida todos os dias, levando em si a frescura das ideias e o fogo das convicções.

O jornal apareceu, trazendo em si o gérmen de uma revolução. Essa revolução não é só literária, é também social, é econômica, porque é um movimento da humanidade abalando todas as suas eminências, a reação do espírito humano sobre as fórmulas existentes do mundo literário, do mundo econômico e do mundo social.

Quem poderá marcar todas as consequências desta revolução?

Completa-se a emancipação da inteligência e começa a dos povos. O direito da força, o direito da autoridade bastarda consubstanciada nas individualidades dinásticas vai cair. Os reis já não têm púrpura, envolvem-se nas constituições. As constituições são os tratados de paz celebrados entre a potência popular e a potência monárquica.

Não é uma aurora de felicidade que se entreabre no horizonte? A ideia de Deus encarnada há séculos na humanidade apareceu enfim à luz. Os que receavam um

aborto podem erguer a fronte desassombrada: concluiu-
-se o pacto maravilhoso.

Ao século XIX cabe sem dúvida a glória de ter aperfeiçoado e desenvolvido esta grandiosa epopeia da vida
íntima dos povos, sempre palpitante de ideias. É uma
produção toda sua. Depois das ideias que emiti em ligeiros traços é tempo de desenvolver a questão proposta:
— O livro absorverá o jornal? o jornal devorará o livro?

II

A lei eterna, a faculdade radical do espírito humano, é o
movimento. Quanto maior for esse movimento mais ele
preenche o seu fim, mais se aproxima desses polos dou-
rados que ele busca há séculos. O livro é um sintoma de
movimento? Decerto. Mas estará esse movimento no grau
do movimento da imprensa-jornal? Repugno afirmá-lo.

O jornal, *literatura quotidiana*, no dito de um publi-
cista contemporâneo, é reprodução diária do espírito do
povo, o espelho comum de todos os fatos e de todos os
talentos, onde se reflete, não a ideia de um homem, mas
a ideia popular, esta fração da ideia humana.

O livro não está decerto nestas condições; há aí alguma coisa de limitado e de estreito se o colocarmos em
face do jornal. Depois, o espírito humano tem necessidade de discussão, porque a discussão é — movimento. Ora, o livro não se presta a essa necessidade, como
o jornal. A discussão pela imprensa-jornal anima-se e
toma fogo pela presteza e reprodução diária desta lo-
comoção intelectual. A discussão pelo livro esfria pela
morosidade, e esfriando decai, porque a discussão vive
pelo fogo. O panfleto não vale um artigo de fundo.

Isto posto, o jornal é mais que um livro, isto é, está
mais nas condições do espírito humano. Nulifica-o como o
livro nulificará a página de pedra? Não repugno admiti-lo.

Já disse que a humanidade, em busca de uma forma mais conforme aos seus instintos, descobriu o jornal.

O jornal, invenção moderna, mas não da época que passa, deve contudo ao nosso século o seu desenvolvimento; daí a sua influência. Não cabe aqui discutir ou demonstrar a razão por que há mais tempo não atingira ele a esse grau de desenvolvimento; seria um estudo da época, uma análise de palácios e de claustros.

As tendências progressivas do espírito humano não deixam supor que ele passasse de uma forma superior a uma forma inferior.

Demonstrada a superioridade do jornal pela teoria e pelo fato, isto é, pelas aspirações de perfectibilidade da ideia humana e pela legitimidade da própria essência do jornal, parece clara a possibilidade de aniquilamento do livro em face do jornal. Mas estará bem definida a superioridade do jornal?

Disse acima que o jornal era a reação do espírito humano sobre as fórmulas existentes do mundo social, do mundo literário e do mundo econômico. Do mundo literário parece-me ter demonstrado as vantagens que não existem no livro. Do mundo social já o disse. Uma forma de literatura que se apresenta aos talentos como uma tribuna universal é o nivelamento das classes sociais, é a democracia prática pela inteligência. Ora, isto não é evidentemente um progresso?

Quanto ao mundo econômico, não é menos fácil de demonstrar. Este século é, como dizem, o século do dinheiro e da indústria. Tendências mais ou menos ideais clamam em belos hexâmetros contra as aspirações de uma parte da sociedade e parecem prescrever os princípios da economia social. Eu mesmo manifestei algumas ideias muito metafísicas e vaporosas em um artigo publicado há tempos.*

---

* Vide "O passado, o presente e o futuro da literatura". (N.E.)

Mas, pondo de parte a arte plástica dessas produções contra o século, acha-se no fundo pouco razoáveis. A indústria e o comércio não são simples fórmulas de uma classe; são os elos que prendem as nações, isto é, que unem a humanidade para o cumprimento de sua missão. São a fonte da riqueza dos povos, e predispõem mais ou menos sua importância política no equilíbrio político da humanidade.

O comércio estabelece a troca do gênero pelo dinheiro. Ora, o dinheiro é um resultado da civilização, uma aristocracia, não bastarda, mas legitimada pelo trabalho ou pelo suor vazado nas lucubrações industriais. O sistema primitivo da indústria colocava o homem na alternativa de adquirir uma fazenda para operar a compra de outra, ou o entregava às intempéries do tempo se ele pretendia especular com as suas produções agrícolas. O novo sistema estabelece um valor, estabelece a moeda, e para adquiri-la o homem só tem necessidade de seu braço.

O crédito assenta a sua base sobre esta engenhosa produção do espírito humano. Ora, indústria manufatora ou indústria-crédito, o século conta a indústria como uma das suas grandes potências: tirai-a aos Estados Unidos e vereis desmoronar-se o colosso do norte.

O que é o crédito? A ideia econômica consubstanciada numa fórmula altamente industrial. E o que é a ideia econômica senão uma face, uma transformação da ideia humana? É parte da humanidade; aniquilai-a — ela deixa de ser um todo.

O jornal, operando uma lenta revolução no globo, desenvolve esta indústria monetária, que é a confiança, a riqueza e os melhoramentos. O crédito tem também a sua parte no jornalismo, onde se discutem todas as questões, todos os problemas da época, debaixo da ação da ideia sempre nova, sempre palpitante. O desenvolvimento do crédito quer o desenvolvimento do jornalismo, porque o jornalismo não é senão um grande banco intelectual, *grande monetização da ideia*, como diz um escritor moderno.

Ora, parece claro que, se este grande molde do pensamento corresponde à ideia econômica como à ideia social e literária — é a forma que convém mais que nenhuma outra ao espírito humano.

É ou não claro o que acabo de apresentar? Parece-me que sim. O jornal, abalando o globo, fazendo uma revolução na ordem social, tem ainda a vantagem de dar uma posição ao homem de letras; porque ele diz ao talento: "Trabalha! vive pela ideia e cumpres a lei da criação!" Seria melhor a existência parasita dos tempos passados, em que a consciência sangrava quando o talento comprava uma refeição por um soneto?

Não! Graças a Deus! Esse mau uso caiu com o dogma junto do absolutismo. O jornal é a liberdade, é o povo, é a consciência, é a esperança, é o trabalho, é a civilização. Tudo se liberta; só o talento ficaria servo?

Não faltará quem lance o nome de utopista. O que acabo, porém, de dizer me parece racional. Mas não confundam a minha ideia. Admitido o aniquilamento do livro pelo jornal, esse aniquilamento não pode ser total. Seria loucura admiti-lo. Destruída a arquitetura, quem evita que à fundação dos monumentos modernos presida este ou aquele axioma d'arte, e que esta ou aquela ordem trace e levante a coluna, o capitel ou zimbório? Mas o que é real é que a arquitetura não é hoje uma arte influente, e que do clarão com que inundava os tempos e os povos caiu num crepúsculo perpétuo.

Não é um capricho de imaginação, não é uma aberração do espírito, que faz levantar este grito de regeneração humana. São as circunstâncias, são as tendências dos povos, são os horizontes rasgados neste céu de séculos, que implantam pela inspiração esta verdade no espírito. É a profecia dos fatos.

Quem enxergasse na minha ideia uma idolatria pelo jornal teria concebido uma convicção parva. Se argumento assim, se procuro demonstrar a possibilidade do aniquilamento do livro diante do jornal, é porque o jornal é uma expressão, é um sintoma de democracia; e a democracia é o povo, é a humanidade. Desaparecendo as fronteiras sociais, a humanidade realiza o derradeiro passo, para entrar o pórtico da felicidade, essa terra de promissão.

Tanto melhor! este desenvolvimento da imprensa-jornal é um sintoma, é uma aurora dessa época de ouro. O talento sobe à tribuna comum; a indústria eleva-se à altura de instituição; e o titão popular, sacudindo por toda a parte os princípios inveterados das fórmulas governativas, talha com a espada da razão o manto dos dogmas novos. É a luz de uma aurora fecunda que se derrama pelo horizonte. Preparar a humanidade para saudar o sol que vai nascer — eis a obra das civilizações modernas.

Aquarelas*

I
Os fanqueiros literários

Não é isto uma sátira em prosa. Esboço literário apanhado nas projeções sutis dos caracteres, dou aqui apenas uma reprodução do tipo a que chamo em meu falar seco de prosador novato — fanqueiro literário.

A fancaria literária é a pior de todas as fancarias. É a obra grossa, por vezes mofada, que se acomoda à ondulação das espáduas do paciente freguês. Há de tudo nessa loja manufatora do talento — apesar da raridade da tela fina; e as vaidades sociais mais exigentes podem vazar-se, segundo as suas aspirações, em uma ode ou discurso parvamente retumbantes.

A fancaria literária poderá perder pela elegância suspeita da roupa feita, mas nunca pela exiguidade dos gêneros. Tomando a tabuleta por base do silogismo comercial é infalível chegar logo à proposição menor, que é a prateleira guapamente atacada a fazer cobiça às modéstias mais insuspeitas.

É lindo comércio. Desde José Daniel, o apóstolo da classe — esse modo de vida tem alargado a sua esfera — e, por mal de pecados, não promete ficar aqui.

O fanqueiro literário é um tipo curioso.

Falei em José Daniel. Conheceis esse vulto histórico?

---

* Publicado originalmente em *O Espelho*, em 11 e 18 de setembro e 9, 16 e 30 de outubro de 1859. (N.E.)

Era uma excelente organização que se prestava perfeitamente a autópsia. Adelo ambulante da inteligência, ia *farto como um ovo*, de feira em feira, trocar pela enzinhavrada moeda o pratinho enfezado de suas lucubrações literárias. Não se cultivava impunemente aquela amizade; o folheto esperava sempre os incautos, como a Farsália hebdomadária das bolsas mal-avisadas.

A audácia ia mais longe. Não contente de suas especulações pouco airosas, levava o atrevimento a ponto de satirizar os próprios fregueses — como em uma obra em que embarcava, diz ele, os tolos de Lisboa, para uma certa ilha; a ilha era, nem mais nem menos, a algibeira do *poeta*. É positiva a aplicação.

Os fanqueiros modernos não vão à feira; é um pudor. Mas que de compensações! Não se prepara hoje o folheto de aplicação moral contra os costumes. A vereda é outra; exploram-se as folhinhas e os pregões matrimoniais e as odes deste natalício ou daqueles desposórios. Nos desposórios é então um perigo; os noivos tropeçam no intempestivo de uma rocha tarpeia antes mesmo de entrar no Capitólio.

Desposório, natalício ou batizado, todos esses marcos da vida são pretextos de inspiração às musas fanqueiras. É um eterno *gênesis* a referver por todas aquelas almas (almas!) recendentes de zuarte.

Entretanto, esta calamidade literária não é tão dura para uma parte da sociedade. Há quem se julgue motivo de cuidados no Pindo — assim como pretensões a semideus da Antiguidade; é um soneto ou uma alocução recheadinha de divagações acerca do *gênesis* de uma raça — sempre eriça os colarinhos a certas vaidades que por aí pululam — sem tom nem som.

Mas entretanto — fatalidade! — por muito consistentes que sejam essas ilusões, caem sempre diante das consequências pecuniárias; o fanqueiro literário justifica plenamente o verso do poeta: *não arma do louvor, arma do dinheiro*. O entusiasmo da ode mede-o ele pelas possibilidades econômicas do elogiado. Os banqueiros são então os arquétipos da virtude sobre a terra; tese difícil de provar.

Querendo imitar os espíritos sérios, lembra-se ele de colecionar os seus disparates, e ei-lo que vai de carrinho e almanaques na mão — em busca de notabilidades sociais. Ninguém se nega a um homem que lhe sobe as escadas convenientemente vestido, e discurso na ponta dos lábios. Chovem-lhe assim as assinaturas. O livrinho é prontificado e sai a lume. A teoria do embarcamento dos tolos é então posta em execução; os nomes das vítimas subscritoras vêm sempre em ar de escárnio no pelourinho de uma lista-epílogo. É, sobre queda, coice.

Mas tudo isso é causado pela falta sensível de uma inquisição literária! Que espetáculo não seria ver evaporar-se em uma fogueira inquisitorial tanto ópio encadernado que por aí anda enchendo as livrarias!

Acontece com o talento o mesmo que acontece com as estrelas. O poeta canta, endeusa, namora esses pregos de diamante do dossel azul que nos cerca o planeta; mas lá vem o astrônomo que diz muito friamente: — Nada! isto que parece flores debruçadas em mar anilado, ou anjos esquecidos no transparente de uma camada etérea — são simples globos luminosos e parecem-se tanto com flores, como vinho com água.

Até aqui as massas tinham o talento como uma faculdade caprichosa, operando ao impulso da inspiração, santa sobretudo em todo o seu poder moral.

Mas cá as espera o fanqueiro. Nada! o talento é uma simples máquina em que não falta o menor parafuso, e que se move ao impulso de uma válvula onipotente.

É de desesperar de todas as ilusões!

Em Paris, onde esta classe é numerosa, há uma especialidade que ataca o teatro. Reúnem-se meia dúzia em um café e aí vão eles de colaboração alinhavar o seu *vau-*

deville quotidiano. A esses milagres de faculdade produtiva se devem tantas banalidades que por lá rolam no meio de tanto e tão fino espírito.

Aqui o fanqueiro não tem por ora lugar certo. Divaga como a abelha de flor em flor em busca de seu *mel* e quase sempre, mal ou bem, vai tirando suculento resultado.

Conhece-se o fanqueiro literário entre muitas cabeças pela extrema cortesia. É um tique. Não há homem de cabeça mais móbil, e espinha dorsal mais flexível; cumprimentar para ele é um preceito eterno; e ei-lo que o faz à direita e à esquerda; e, coisa natural! sempre lhe cai um freguês nessas cortesias.

O fanqueiro literário tem em si o termômetro das suas alterações financeiras; é a elegância das roupas. Ele vive e trabalha para comer bem e ostentar. Bolsa florescente, ei-lo dândi apavoneado — mas sem vaidade; lá protesta o chapéu contra uma asserção que se lhe possa fazer nesse sentido.

A Buffon escapou esse animal interessante; nem Cuvier lhe encontrou osso ou fibra perdidos em terra antediluviana. Por mim, que não faço mais que reproduzir em aquarelas as formas grotescas e *sui generis* do tipo, deixo ao leitor curioso essa enfadonha investigação.

Uma última palavra.

O fanqueiro literário é uma individualidade social e marca uma das aberrações dos tempos modernos. Esse moer contínuo do espírito, que faz da inteligência uma fábrica de Manchester, repugna à natureza da própria intelectualidade. Fazer do talento uma máquina, e uma máquina de obra grossa, movida pelas probabilidades financeiras do resultado, é perder a dignidade do talento, e o pudor da consciência.

Procurem os caracteres sérios abafar esse *estado no estado* que compromete a sua posição e o seu futuro.

II
O parasita

I

Sabem de uma certa erva, que desdenha a terra para enroscar-se, identificar-se com as altas árvores? É a parasita.

Ora, a sociedade, que tem mais de uma afinidade com as florestas, não podia deixar de ter em si uma porção, ainda que pequena de parasitas. Pois tem, e tão perfeita, tão igual, que nem mesmo mudou de nome.

É uma longa e curiosa família, a dos parasitas sociais; e fora difícil assinalar na estreita esfera das aquarelas — uma relação sinótica das diferentes variedades do tipo. Antes sobre a torre, agarro apenas na passagem as mais salientes e não vou mergulhar-me no fundo e em todos os recantos do oceano social.

Há, como disse, diferentes espécies de parasitas.

O mais vulgar e o mais conhecido é o da mesa; mas há-os também em literatura, em política e na igreja. É praga antiga, e raça cuja origem se prende a noite dos tempos, como diria qualquer historiador *en herbe*. Da Índia, essa avó das nações, como diz um escritor moderno, são poucas as noções a respeito; e não posso marcar aqui com precisão o desenvolvimento dessa casta curiosa no velho país. Em Roma, onde lemos como num livro, já Horácio comia as sopas de Mecenas, e banqueteava alegremente no *triclinium*. É verdade que lhe pagava em longa poesia; mas, nesse tempo, como ainda hoje, a poesia não era ouro em pó, e este é grande estrofe de todos os tempos.

Mas, tréguas à história.

Tenho aqui como alvo esboçar em traços ligeiros as formas mais proeminentes da individualidade; entremos pois no estudo — sem mais preâmbulo.

Devo começar pelo parasita da mesa, o mais vulgar? Há talvez pouco a dizer — mas esse pouco mesmo revela altamente os traços arrojados desta fisionomia social.

Debalde se procuraria conhecer as regiões mais adaptadas à economia vital deste animal perigoso. Inútil. Ele vive por toda parte em que há ambiente de porco assado.

Também é aí onde ele desenvolve melhor todas as suas faculdades; onde se sente a *son aise*, como diria qualquer label encadernado em paletó de inverno.

Perfeito parasita deve ser perfeito gastrônomo; mesmo quando não goze esta faculdade por vocação do berço, é um resultado da prática, pela razão de que o *uso do cachimbo faz a boca torta*.

Assim, o parasita jubilado, o bom parasita, está muito acima dos outros animais. Olfato delicado, adivinha a duas léguas de distância a qualidade de um bom prato; paladar suscetível — sabe absorver com todas as regras de arte —, e não educa o seu estômago como qualquer aldeão.

E como não ser assim, se ele não tem outro cuidado nesta vida? e se os limites da mesa redonda são os horizontes das suas aspirações?

É curioso vê-lo na mesa, mas não menos curioso é vê-lo nas horas que precedem às seções gastronômicas. Entra em uma casa ou por costume ou *per accidens*, o que aqui quer dizer intenção formada com todas as circunstâncias agravantes da premeditação, e superioridade das armas. Mas suponhamos que vai a uma casa por costume.

Ei-lo que entra, riso nos lábios, chapéu na mão, o vácuo no estômago. O dono da casa, a quem já fatiga aquela visita diária, saúda-o constrangido e com um riso amarelo. Mas isso não é decepção; tão pouco não desarma um bravo daquela ordem. Senta-se e começa a relatar notícias do dia, entremeadas de algumas da própria lavra, e curiosas — a atrair a feição vacilante do hóspede. Daqui um criado que vem dar o sinal de combate. É o alvo a que visava o alarme, e ei-lo que vai imediatamente pagar-se de uma tarefa de almanaque, tão custosamente exercida.

Se porém ele entra *per accidens*, não é menos curiosa a cena. Começa por um pretexto que deve lisonjear as pessoas da casa conforme os seus fracos. Assim, se há aí um autor dramático, o pretexto é dar um parabém sobre a última peça representada dias antes. Sobre este molde, tudo o mais.

Se às vezes não há um pretexto sério, não trepida ainda o parasita; há sempre um de lado, como substantivo: *saber da saúde do amigo*.

Mas, entra ele; dado o pretexto, senta-se e começa a desenrolar toda a retórica que pode inspirar um estômago vazio, um Jeremias interno. Segue-se depois, pouco mais ou menos, a mesma cena. No fim está sempre como orla de horizonte uma mesa mais ou menos apetitosa, onde a reação se opera largamente.

Há, porém, pequenas desgraças, acidentes inesperados na vida do parasita da mesa.

Entra ele em uma casa onde espera almoçar folgado; faz as primeiras saudações e vai corar a pílula ao seu caro hóspede. Um certo ranger de dentes, porém, começa a agitá-lo, um ranger particular que indica um estado mais calmo aos estômagos da casa.

— Então como vai? Sinto que chegasse agora; se mais cedo viesse, almoçava comigo.

O parasita fica de cara à banda; mas não há remédio; é necessário sair com decência e não dar a entender o fim que o levou ali.

Estas eventualidades, estas pequenas misérias, longe de serem decepções, são como o cheiro da pólvora inimiga para os soldados, um incentivo na ação. É uma índole miserável a desse corpo leviano em que só há animalidade e estômago; mas, entretanto, é necessário aceitar essas criaturas tais como são — para aceitarmos a sociedade tal como ela é. A sociedade não é um grupo de que uma parte devora a outra? Eterno antagonismo das condições humanas.

O parasita da mesa uniformiza o exterior com a importância do hóspede; um cargo elevado pede uma luva de pelica, e uma botina de polimento. À mesa não há ninguém mais atencioso; e como um conviva alegre, aduba os guisados com punhados de sal mais ou menos saborosos.

É uma retribuição razoável — dar de comer ao espírito de quem dá de comer ao corpo.

Aqui não há desaire, há uma troca recíproca que prova que o parasita tem suscetibilidades em alto grau.

Estes traços, mais ou menos exatos, mais ou menos distintos, dão aqui uma pequena ideia do parasita da mesa; mas esta variedade do tipo é absorvida por outras de uma importância mais alta. Aqui é o parasita do corpo, os outros são os do espírito e da consciência; aqui são os epicuristas à custa alheia, os outros são as nulidades intelectuais que se agarram à primeira tela de propriedades suculentas que lhe vai ao encontro.

São imperceptíveis talvez estes lineamentos — e acusam a aceleração do pincel; passemos às outras variedades do tipo onde achamos formas mais amplas e proeminências mais distintas.

II

O parasita literário tem os mesmos traços psicológicos do outro parasita, mas não deixa de ter uma afinidade latente com o fanqueiro literário. A única diferença está nos fins, de que se afastam léguas; aquele é porventura mais casto e não tem mira no resultado pecuniário — que, parece, inspirou o fanqueiro. Justiça seja feita.

A imprensa é a mesa do parasita literário; senta-se a ela com toda a sem-cerimônia; come e distribui pratos com o sangue frio mais alemão deste mundo — diante da paciência pública — que vacila sobre os seus eixos. Um amigo meu define perfeitamente este curioso animal; chama-o *Vieirinha da literatura*. Vieirinha, lembro ao leitor, é aquele personagem que todos têm visto em um drama nosso.

De feito, este parasita é um Vieirinha sem tirar nem pôr; cortesão das letras, cerca-as de cuidados, sem alcançar o menor favor das musas.

Segue-as por toda a parte, mas sem poder tocá-las. Só não sobe ao monte sagrado, porque é uma excursão difícil, e só dada a pés mais de ferro, e a vontades mais sérias. Ali, ficam eles nas fraldas, soltando uma orquestra de gemidos, até que o velho cavalo os vem despedir com uma amabilidade de pata sofrivelmente acerba.

Um coice é sempre uma resposta às suas súplicas... Represália no caso.

Eterna lei das compensações!

Entre nós o parasita literário é uma individualidade que se encontra a cada canto. É fácil verificá-lo. Pegais em um jornal; o que vedes de mais saliente? uma fila de parasitas que deitam sobre aquela mesa intelectual um chuveiro de prosa ou verso, sem dizer — água vai!

Verificai-o!

O jornal aqui não é propriedade, nem da redação nem do público, mas do parasita. Tem também o livro, mas o jornal é mais fácil de contê-los.

Às vezes o parasita associa-se e cria um jornal próprio.

Aqui é que não há de escapar-lhe.

Um jornal todo entregue ao parasita, isto é, um campo vasto todo entregue ao disparate! É o rei Sancho na sua ilha!

Ele pode parodiar o dito histórico *l'état c'est moi!* porque as quatro ou seis páginas, na verdade, são dele, todas dele. Ele pode gritar ali, ninguém lho impedirá, ninguém; uma vez que não ofenda a moral pública. A polícia para onde começa o intelectual e o senso comum; não são crimes no código as ofensas a esses dois elementos da sociedade constituída.

Ora, sustentado assim pelos poderes, o parasita literário invade, como o Huno moderno, a Roma da intelectualidade, com a decência moral nos lábios, mas sem a decência intelectual.

Tem pois o jornal, próprio ou não próprio, onde pode sacudir-se a gosto, garantido pelas leis. Se desdenha o jornal tem ainda o livro.

O livro!

Tem ainda o livro, sim. Meia dúzia de folhas de papel dobradas, encadernadas, e numeradas é um livro; todos têm direito a esta operação simples, e o parasita por conseguinte.

Abrir esse livro e compulsá-lo, é que é heroico e digno de pasmo. O que há por aí, santo Deus! Se é um volume de versos, temos nada menos que uma coleção de *pensamentos* e de notas arranhadas laboriosamente em harpas selvagens como um tamoio. Se é prosa — temos um amontoado de frases descabeladas entre si, segundo a opinião do autor. É muitas vezes um drama, um romance misterioso, de que o leitor não entende pitada. Se eu quisesse ferir individualidades, tocar em suscetibilidades, desenrolaria aqui um sudário dessas invasões na literatura; mas o meu fim é o indivíduo, e não um indivíduo.

O parasita literário vai ainda aos teatros. Esta invenção de recitar nos teatros, tirada da antiguidade grega, que levanta um bardo em um festim, como nos mostra a *Odisseia,* abriu um precedente, e deu azo ao abuso. A autoridade, que é ainda a polícia, não indaga do mérito da obra, e quer apenas saber se há alguma coisa que fira a moral. Se não, pode invadir a paciência pública.

Todos os leitores estão de posse deste traço do parasita literário. As salas dos nossos teatros têm repercutido imensas vezes com esses arranhamentos de lira. Basta bater palmas de um camarote e ter alguns exemplares para distribuição; a plateia deve receber aquele aguaceiro intelectual.

O parasita está debaixo do código.

Ora, o que admira no meio de tudo isto é que sendo o parasita literário o vampiro da paciência humana, e o primeiro inimigo nacional, acha leitores — que digo? adeptos, simpatias, aplausos!

Há quem lhes faça crer que alguma coisa lhes rumina na cabeça como a André Chénier; eles, a quem já não faltava vontade de crer, aceitam, como princípio evidente, essa solução do impossível, que a parvoíce lhe dá de boa vontade.

Que gente!

Os traços fisiológicos do parasita são especiais e característicos. Não podendo imitar os grandes homens pelo talento, copiam na postura e nas maneiras o que acham pelas gravuras e fotografias. Assumem um certo ar pedantesco, tomam um timbre dogmático nas palavras; e, ao contrário do fanqueiro, que tem a espinha dorsal mole e flexível, ele não se curva nem se torce; a vaidade é o seu espartilho.

Mas, por compensação, há a modéstia nas palavras ou certo abatimento, que faz lembrar esse *ninguém elogiado* da comédia. Mas ainda assim vem a afetação; o parasita é o primeiro que está cônscio de que é alguma coisa, apesar da sinceridade com que procura pôr-se abaixo de zero.

Pobre gente!

Podiam ser homens de bem, fazer alguma coisa para a sociedade, honrar a musa nacional, contendo-se na sua esfera própria; mas nada, saem uma noite da sua nulidade e vão por aí matando a ferro frio...

É que têm o evangelho diante dos olhos...

Bem-aventurados os pobres de espírito.

O parasita ramifica-se e enrosca-se ainda por todas as vértebras da sociedade. Entra na Igreja, na política e na diplomacia; há laivos dele por toda a parte.

Na Igreja, sob o pretexto do dogma, estabelece a especulação contra a piedade dos incautos, e das turbas. Transforma o altar em balcão e a âmbula em balança. Regala-se à custa de crenças e superstições, de dogmas ou preconceitos, e lá vai passando uma vida de rosas.

A história é uma larga tela dessas torpezas cometidas à sombra do culto.

O parasita da Igreja, toda a Idade Média o viu, transformado em papa vendeu as absolvições, mercadejou as concessões, lavrou as bulas. Mediante o ouro, aplanou as dificuldades do matrimônio quando existiam; depois levantou a abstinência alimentar, quando o crente lhe dava em troca uma bolsa.

É um desmoronamento social. O parasita teve uma famosa ideia em embrenhar-se pela Igreja. A dignidade sacerdotal é uma capa magnífica para a estupidez, que toma o altar como um canal de absorver ouro e regalias.

Assim colocado no centro da sociedade, desmoraliza a Igreja, polui a fé, rasga as crenças do povo. Entra, todos o consentem, no centro das famílias, sem haver sacudido o pó das torpezas que lhe nodoa as sandálias. Dominou imoralmente as massas, os espíritos fracos, as consciências virgens.

Esta transformação do parasita não tende por ora a desaparecer; a fogueira de J. Huss não queimou só o grande apóstolo, devorou também o vestíbulo desse edifício de miséria levantado por uma turba de parasitas, parasita da fé, da moralidade e do futuro.

Em política, galga, não sei como, as escadas do poder, tomando uma opinião ao grado das circunstâncias, deixando-a ao paladar das situações, como uma verdadeira maromba de arlequim. Entra no parlamento com a fronte levantada, votado pela fraude, e escolhido pelo escândalo.

Exíguo de luz intelectual, toma lá o seu assento e trata de palpar para apoiar as maiorias. Não pensa mal: quem a boa árvore se encosta...

Alguns sobem assim; e todos os povos têm sentido mais ou menos o peso do domínio desses boêmios de ontem.

Deixá-los subir às mesas supremas do festim público.

Mas tenham cuidado na solidez das cadeiras em que se sentarem.

Na diplomacia, é mais fácil o ingresso ao parasita. Encarta-se aí em qualquer legação ou embaixada, e vai saltitar em Paris ou em Viena. Lá representam tristemente a pátria que os viu nascer, na massa coletiva da embaixada ou da legação. O que faz de melhor, esse *parvenu* sem gosto, é brilhar na arte das roupas, como corifeu da moda que é. Já é muito.

Podia, se não temesse fatigar, fazer uma enumeração mais longa das famílias de parasitas que irradiam destas espécies cardeais. Seria, entretanto, uma longa história que demandaria mais largo espaço; e não caberia nestas ligeiras aquarelas.

O parasita é tão antigo, creio eu, como o mundo, ou pelo menos quase.

Em economia política é um elemento para estacionar o enriquecimento social; consumidor que não produz, e que faz exatamente a mesma figura que um zangão na república das abelhas.

Extinguir o parasita não é uma operação de dias, mas um trabalho de séculos. Os meios não os darei aqui. Reproduzo, não moralizo.

III
O empregado público aposentado

Os egípcios inventaram a múmia para conservarem o cadáver através dos séculos. Assim a matéria não desapareceria na morte; triunfava dela, do que temos alguns exemplos ainda.

Mas não existiu só lá esse fato. O empregado público não se aniquila de todo na aposentadoria; vai além, sob uma forma curiosa, antediluviana, indefinível; o que chamamos empregado público aposentado.

Espelho *à rebours*, só reflete o passado, e por ele chora como uma criança. É a elegia viva do que foi, salgueiro do carrancismo, carpideira dos velhos sistemas.

Reforma é uma palavra que não se diz diante do empregado público aposentado. Há lá nada mais revoltante do que reformar o que está feito? abolir o método! desmoronar a ordem!

Atado assim ao poste do carrancismo, eterno lábaro do que é moderno, o empregado público aposentado é um dos mais curiosos tipos da sociedade. Representa o lado cômico das forças retroativas que equilibram os avanços da civilização nos povos.

É o tipo que hoje trago à minha tela. São variáveis o caráter e a feição desta individualidade, mas eu procurarei dar-lhe os traços mais finos, os mais vivos.

Conceber um aposentado sem caixa de rapé é conceber o sol sem luz, o oceano sem água. Uma pertence ao outro, como a alma pertence ao corpo; são inseparáveis. E têm razão! O que vale uma caixa de rapé, não o compreende qualquer profano. É o adubo oportuno de uma conversa árida e suada sobre qualquer reforma de governo. É o meio de conhecimento com um potentado de quem se espera alguma coisa. É a boceta de Pandora. É tudo, quase tudo.

E não parece. Aquele utensílio tão mesquinho, em um outro qualquer, está circunscrito na estreita esfera do nariz; nas mãos do aposentado, transforma-se; em vez de se transformar o depósito de um vício, torna-se o instrumento de certos fatos políticos que muitas vezes parecem nascer de causas mais altas.

Este prestígio do empregado público aposentado não para só na boceta, estende-se por todos os acessórios daquele curioso indivíduo. Na gravata, na presilha, na bengala, há certo ar, uma nuança especial, que não está ao alcance de qualquer. Ou natureza, ou estudo, a aposentadoria traz ao empregado público esses dotes, como um presente de núpcias.

Ora, apesar deste metódico das formas, não estão limitadas aí as vistas do aposentado. Há naquele cérebro alguma finura para se não entregar exclusivamente a essas ninharias. E a política? A política lá o espera; lá o espera o governo; lá o espera o teatro, as modas, os jornais, tudo o espera.

Não é maledicente, mas gosta de cortar o seu pouco sobre as coisas do país. Não é um vício, é uma virtude cívica: o patriotismo.

O governo, não importa a sua cor política, é sempre o bode expiatório das doutrinas retrógradas do empregado público aposentado. Tudo quanto tende ao desequilíbrio das velhas usanças é um crime para esse viúvo da secretária, arqueólogo dos costumes, antiga vítima do ponto, que não compreende que haja nada além das raias de uma existência oficial.

Todos os progressos do país estão ainda debaixo da língua fulminante deste cometa social. Estradas de ferro! é uma loucura do modernismo! Pois não bastavam os meios clássicos de transporte que até aqui punham em comunicação localidades afastadas? Estradas de ferro?

Desta sorte todas as instituições que respiram revolução na ordem estabelecida das coisas podem contar com um contra do empregado público aposentado. Este meio mesmo de retratar à pena, como faço atualmente, revoltaria o espírito tradicional da grande múmia do passado. Uma inovação de mau gosto, dirá ele. É verdade; não representa apenas a superfície da epiderme, vai às camadas mais íntimas da matéria organizada.

O empregado público aposentado poderá deixar de comer, mas lá perder um jornal, lá perder um jubileu político ou sessão do parlamento, é tarefa que não lhe está nas forças.

O jornal é lido, analisado com toda a finura de espírito de que ele é capaz. Devora-o todo, anúncios e leilões; e se não vai ao folhetim, é porque o folhetim é frutinha do nosso tempo.

No parlamento, é um espectador sério e atencioso. Com a cabeça enterrada nas paredes mestras de uma gravata colossal ouve com toda a atenção, até os menores apartes, vê os pequenos movimentos, como profundo investigador das coisas políticas.

Ao sair dali, o primeiro amigo que encontra tem de levar um aguaceiro de palavras e invectivas contra a marcha dos negócios mais interessantes do país.

De ordinário o aposentado é compadre ou amigo dos ministros, apesar das invectivas, e então ninguém recheia as pastas de mais memoriais e pedidos. Emprega os parentes e os camaradas, quando os emprega, depois de uma longa enfiada de rogativas importunas.

É sempre assim.

No sarau o empregado público aposentado é pouco cortês com as damas; vai procurar emoções nas alternativas de um lindo baralho de cartas. Mas para não faltar ao programa, lá vai tachando de imoral aquele divertimento que tanto dinheiro absorve; fica-lhe a consciência.

Onde poderemos encontrar ainda o aposentado? Ele vai por toda a parte onde é lícito rir e discutir sem ofensa pública.

O leitor conhece decerto a individualidade de que lhe falo, é muito vulgar entre nós, e de qualidades tão especiais que a denunciam entre mil cabeças. Que lhe acha? Quanto a mim é inofensiva como um cordeiro. Deixem-no mirar-se no espelho dos velhos usos, falar em política, discutir os governos; não faz mal.

Em uma comédia do nosso teatro, há uma reprodução deste tipo, o sr. Custódio do *Verso e reverso*. Mirem-se ali, e verão que, apesar do estreito círculo em que se move, faz pálidos e mirrados estes ligeiros e mal distintos lineamentos.

IV
O folhetinista

Uma das plantas europeias que dificilmente se têm aclimatado entre nós, é o folhetinista.

Se é defeito de suas propriedades orgânicas, ou da incompatibilidade do clima, não o sei eu. Enuncio apenas a verdade.

Entretanto, eu disse — *dificilmente* — o que supõe algum caso de aclimatação séria. O que não estiver contido nesta exceção, vê já o leitor que nasceu enfezado, e mesquinho de formas.

O folhetinista é originário da França, onde nasceu, e onde vive a seu gosto, como em cama no inverno. De lá espalhou-se pelo mundo, ou pelo menos por onde maiores proporções tomava o grande veículo do espírito moderno; falo do jornal.

Espalhado pelo mundo, o folhetinista tratou de acomodar a economia vital de sua organização às conveniências das atmosferas locais. Se o têm conseguido por toda a parte, não é meu fim estudá-lo; cinjo-me ao nosso círculo apenas.

Mas comecemos por definir a nova entidade literária.

O folhetim, disse eu em outra parte, e debaixo de outro pseudônimo, o folhetim nasceu do jornal, o folhetinista por consequência do jornalista. Esta íntima afinidade é que desenha as saliências fisionômicas na moderna criação.

O folhetinista é a fusão admirável do útil e do fútil, o parto curioso e singular do sério, consorciado com o frívolo. Estes dois elementos, arredados como polos, heterogêneos como água e fogo, casam-se perfeitamente na organização do novo animal.

Efeito estranho é este, assim produzido pela afinidade assinalada entre o jornalista e o folhetinista. Daquele cai sobre este a luz séria e vigorosa, a reflexão calma, a observação profunda. Pelo que toca ao devaneio, à leviandade, está tudo encarnado no folhetinista mesmo; o capital próprio.

O folhetinista, na sociedade, ocupa o lugar de colibri na esfera vegetal; salta, esvoaça, brinca, tremula, paira e espaneja-se sobre todos os caules suculentos, sobre todas as seivas vigorosas. Todo o mundo lhe pertence; até mesmo a política.

Assim aquinhoado pode dizer-se que não há entidade mais feliz neste mundo, exceções feitas. Tem a sociedade diante de sua pena, o público para lê-lo, os ociosos para admirá-lo, e a *bas-bleus* para aplaudi-lo.

Todos o amam, todos o admiram, porque todos têm interesse de estar de bem com esse arauto amável que levanta nas lojas do jornal a sua aclamação de hebdomadário.

Entretanto, apesar dessa atenção pública, apesar de todas as vantagens de sua posição, nem todos os dias são tecidos de ouro para os folhetinistas. Há-os negros, com fios de bronze; à testa deles está o dia... adivinhem? o dia de escrever!

Não parece? pois é verdade puríssima. Passam-se séculos nas horas que o folhetinista gasta à mesa a construir a sua obra.

Não é nada, é o cálculo e o dever que vêm pedir da abstração e da liberdade — um folhetim! Ora, quando há matéria e o espírito está disposto, a coisa passa-se bem. Mas quando, à falta de assunto se une aquela morbidez moral, que se pode definir por um amor ao *far niente*, então é um suplício...

Um suplício, sim.

Os olhos negros que saboreiam essas páginas coruscantes de lirismo e de imagens mal sabem às vezes o que custa escrevê-las.

Para alguns não procede este argumento; porque para alguns há provimento de matéria, certos livros a explorar, certos colegas a empobrecer...

Esta espécie é uma aberração do verdadeiro folhetinista; exceções desmoralizadoras que nodoam as reputações legítimas.

Escritas, porém, as suas tiras de convenção, a primeira hora depois é consagrada ao prazer de desforrar-se de uma maçada que passou. Naquela noite é fácil encontrá-lo no primeiro teatro ou baile aparecido.

A túnica de Néssus caiu-lhe dos ombros por sete dias.

Como quase todas as coisas deste mundo o folhetinista degenera também. Algumas das entidades que possuem essa capa esquecem-se de que o folhetim é um confeito literário sem horizontes vastos, para fazer dele um canal de incenso às reputações firmadas, e invectivas às vocações em flor, e aspirações bem cabidas.

Constituindo assim *cardeal-diabo* da cúria literária, é inútil dizer que o bom senso e a razão friamente o condenam e votam ao ostracismo moral, ausência de aplausos e de apoio.

Não é este o único abuso que se dá. É costume de outros levantarem o folhetim como a chave de todos os corações, como a foice de todas as reputações indeléveis.

E conseguem...

Na apreciação do folhetinista pelo lado local temo talvez cair em desagrado negando a afirmativa. Confesso apenas exceções. Em geral o folhetinista aqui é todo parisiense; torce-se a um estilo estranho, e esquece-se, nas suas divagações sobre o *boulevard e café Tortoni,* de que está sobre um *mac-adam* lamacento e com uma grossa tenda lírica no meio de um deserto.

Alguns vão até Paris estudar a parte fisiológica dos colegas de lá; é inútil dizer que degeneraram no físico como no moral.

Força é dizê-lo: a cor nacional, em raríssimas exceções, tem tomado o folhetinista entre nós. Escrever folhetim e ficar brasileiro é na verdade difícil.

Entretanto, como todas as dificuldades se aplanam,

ele podia bem tomar mais cor local, mais feição americana. Faria assim menos mal à independência do espírito nacional, tão preso a essas imitações, a esses arremedos, a esse suicídio de originalidade e iniciativa.

LEIA MAIS PENGUIN-COMPANHIA
CLÁSSICOS

Machado de Assis

Papéis avulsos

Introdução de
JOHN GLEDSON
Notas de
HÉLIO GUIMARÃES

Papéis avulsos, primeiro livro de contos publicado por Joaquim Maria Machado de Assis após a revolução ocasionada por *Memórias póstumas de Brás Cubas*, é integralmente composto por momentos antológicos da ficção curta brasileira. O índice do volume é por si só impressionante. De "O alienista" a "O espelho", cujo enredo psicológico tem fascinado sucessivas gerações de leitores e escritores, doze clássicos do conto nacional concentram alguns dos melhores personagens e situações do gênio irônico do autor de *Dom Casmurro*.

O livro, com erudita introdução de John Gledson e notas de Hélio Guimarães, oferece a sequência original de publicação dos contos, como indicada por Machado na primeira edição, de 1882. Segundo Gledson, embora a unidade das histórias não seja à primeira vista evidente, com peças tão dissimilares como "A chinela turca" e "A sereníssima república", a estrutura de *Papéis avulsos* permite entrever uma totalidade sutilmente baseada na lógica interna da composição dos enredos, bem como no contexto histórico compartilhado: o Rio de Janeiro escravista e quase bucólico de meados do século XIX, observado por um de seus cronistas mais ferinos e perspicazes.

WWW.PENGUINCOMPANHIA.COM.BR

LEIA MAIS PENGUIN-COMPANHIA
CLÁSSICOS

Ovídio

Amores & Arte de amar

Tradução de
CARLOS ASCENSO ANDRÉ

Para o poeta latino Ovídio, o amor é uma técnica que, como toda técnica, pode ser ensinada e aprendida. Isso, porém, não é simples: "São variados os corações das mulheres; mil corações, tens de apanhá-los de mil maneiras", ele diz. Essas "mil maneiras" são ensinadas em sua *Arte de amar*, uma espécie de manual do ofício da sedução, da infidelidade, do engano e da obtenção do máximo prazer sexual, elaborado a partir das experiências vividas pelo poeta e descritas em *Amores*.

Autoproclamado mestre do amor, Ovídio versa sobre as regras da procura e da escolha da "vítima", o código de beleza masculino, o desejo da mulher, o ciúme, o domínio da palavra escrita e falada, o poder do vinho como aliado na sedução, o fingimento, a lisonja, as promessas, os homens que devem ser evitados, a técnica da carícia e os caminhos do corpo feminino, entre outros temas.

A edição da Penguin-Companhia das Letras tem tradução e introdução de Carlos Ascenso André, professor de línguas e literaturas clássicas da Faculdade de Letras de Coimbra, e apresentação e notas do inglês Peter Green, escritor, tradutor e jornalista literário.

WWW.PENGUINCOMPANHIA.COM.BR

LEIA MAIS PENGUIN-COMPANHIA
CLÁSSICOS

O Brasil holandês

Seleção, introdução e notas de
EVALDO CABRAL DE MELLO

A presença do conde Maurício de Nassau no Nordeste brasileiro, no início do século XVII, transformou Recife na cidade mais desenvolvida do Brasil. Em poucos anos, o que era um pequeno povoado de pescadores virou um centro cosmopolita.

A história do governo holandês no Nordeste brasileiro se confunde com a guerra entre Holanda e Espanha. Em 1580, quando os espanhóis incorporaram Portugal, lusitanos e holandeses já tinham uma longa história de relações comerciais. O Brasil era, então, o elo mais frágil do império castelhano, e prometia lucros fabulosos provenientes do açúcar e do pau-brasil.

Este volume reúne as passagens mais importantes dos documentos da época, desde as primeiras invasões na Bahia e Pernambuco até sua derrota e expulsão. Os textos — apresentados e contextualizados pela maior autoridade no período holandês no Brasil, o historiador Evaldo Cabral de Mello — foram escritos por viajantes, governantes e estudiosos. São depoimentos de quem participou ou assistiu aos fatos, e cuja vividez e precisão remete o leitor ao centro da história.

WWW.PENGUINCOMPANHIA.COM.BR

LEIA MAIS PENGUIN-COMPANHIA
CLÁSSICOS

Homero

Odisseia

Tradução de
FREDERICO LOURENÇO

A narrativa do regresso de Ulisses a sua terra natal é uma obra de importância sem paralelos na tradição literária ocidental. Sua influência atravessa os séculos e se espalha por todas as formas de arte, dos primórdios do teatro e da ópera até a produção cinematográfica recente. Seus episódios e personagens — a esposa fiel Penélope, o filho virtuoso Telêmaco, a possessiva ninfa Calipso, as sedutoras e perigosas sereias — são parte integrante e indelével de nosso repertório cultural.

Em seu tratado conhecido como *Poética*, Aristóteles resume o livro assim: "Um homem encontra-se no estrangeiro há muitos anos; está sozinho e o deus Posêidon o mantém sob vigilância hostil. Em casa, os pretendentes à mão de sua mulher estão esgotando seus recursos e conspirando para matar seu filho. Então, após enfrentar tempestades e sofrer um naufrágio, ele volta para casa, dá-se a conhecer e ataca os pretendentes: ele sobrevive e os pretendentes são exterminados".

Esta edição de *Odisseia* traz uma excelente introdução de Bernard Knox, que enriquece o debate dos estudiosos mas principalmente serve de guia para estudantes e leitores, curiosos por conhecer o mais famoso épico de nossa literatura.

WWW.PENGUINCOMPANHIA.COM.BR

LEIA MAIS PENGUIN-COMPANHIA
CLÁSSICOS

Santa Teresa d'Ávila
Livro da vida

Tradução e notas de
MARCELO MUSA CAVALLARI
Prefácio de
FREI BETTO
Introdução de
J. M. COHEN

Até a chegada dos manuscritos de santa Teresa, a igreja católica vivia sob os preceitos do teocentrismo. O que fez esta mulher letrada (uma raríssima exceção para a época), autodidata e visionária foi tirar Deus do centro do universo para colocá-lo no cerne da alma; em outras palavras, trouxe à tona a figura do homem moderno, que vive em busca de si mesmo e está pronto para experiências místicas.

Livro da vida é o clássico mais lido pelos espanhóis depois de *Dom Quixote*, de Cervantes. Em notável prefácio, escrito especialmente para esta edição, Frei Betto descreve Teresa da seguinte maneira: "Feminista *avant la lettre*, esta monja carmelita do século XVI, ao revolucionar a espiritualidade cristã, incomodou as autoridades eclesiásticas de seu tempo, a ponto de o núncio papal na Espanha, dom Felipe Sega, denunciá-la, em 1578, como 'mulher inquieta, errante, desobediente e contumaz'".

Esta edição traz também uma esclarecedora introdução de J.M. Cohen, especialista em literatura de língua espanhola e um dos mais notáveis homens de letras da Inglaterra no séc. XX. Completam o volume as notas e as indicações de leitura feitas pelo tradutor brasileiro Marcelo Musa Cavallari.

WWW.PENGUINCOMPANHIA.COM.BR

Esta obra foi composta em Sabon por Alice Viggiani
e impressa em ofsete pela Geográfica
sobre papel Pólen Soft da Suzano Papel e Celulose
para a Editora Schwarcz em novembro de 2011

A marca FSC é a garantia de que a madeira utilizada na fabricação do papel deste livro provém de florestas que foram gerenciadas de maneira ambientalmente correta, socialmente justa e economicamente viável, além de outras fontes de origem controlada.